서민
갑부

절대 망하지 않는 창업 & 영업 전략 공개

서민 갑부

채널A 〈서민갑부〉 제작팀 · 허건 지음

동아일보사

"창업으로 인생 2막을 열어갈
당신을 응원합니다"

성공한 사람들의 이야기는 언제나 가슴 뛰게 만든다. 갖은 고생 끝에 큰 성과를 이룬 경우는 더더욱 그렇다. 땀과 노력이 배인 이들의 성공기는 사람들에게 진한 감동과 함께 새로운 일에 도전할 용기를 준다. 경험에서 우러나온 진심 어린 조언과 지혜의 말 한마디는 때론 천금 이상의 값어치를 지니기도 한다. 그렇기 때문에 인생의 어느 시점에서 누구를 만나고 누구를 롤모델로 삼느냐가 상당히 중요하다.

국내에서 많은 사람으로부터 존경받는 한 인권변호사는 고등학교 시절 문제아였다고 고백한 적이 있다. 그는 일찍 입대한 군에서 법관을 꿈꾸는 선임을 만나면서 바닥이었던 자신의 인생도 변하기 시작했다고 말했다. 사업을 하려는 사람도 마찬가지다. 좋은 사업가가 되려면 우선 성공한 사업가를 많이 접하고 그들의 이야기에 귀 기울여야 한다.

그런 점에서 이 책에 등장하는 서민갑부들은 벤치마킹하기에 좋은 대상이다. 이들은 대부분 맨주먹으로 시작해 오로지 노력만으로 갑부가 된 사람들이다. 그렇기 때문에 이들의 인생 여정을 살펴보는 것만으로도 성공에 한 발자국 더 다가갈 수 있다.

아무리 작은 사업이라도 '열심히'만 하면 생계가 어느 정도 보장되던 시대는 지났다. 이제는 동네 가게도 스마트한 전략을 갖지 않으면 살아남기 힘들어졌다. 이 정글 같은 사회에서 도태되지 않기 위해서는 성공한 사람들의 전략을 배워야 한다.

이 책은 채널A 방송 〈서민갑부〉 출연자들 중 시청자들이 가장 궁금해했던 15인의 이야기를 모아 재구성한 것이다. 대형 프랜차이즈점을 이긴 작은 가게부터 줄서서 먹는 대박 맛집, 그리고 아이디어로 승부하는 틈새 창업까지 다양한 분야에서 '부'와 '성공'을 거머쥔 서민갑부들의 생생한 삶이 담겨 있다. 이들의 성공은 지독한 가난, 연이은 사업 실패, 병마를 이겨내고 이룬 것이기에 더욱 값지다. 이 책에는 시련과 역경을 이길 수 있었던 배경과 수십 억대 부자가 되기까지 그들만의 노하우가 함께 소개돼 있다.

　은퇴 후 창업을 꿈꾸는 사람, 내 사업을 하고 싶지만 돈과 용기가 없어 망설이는 사람, 지금 장사를 하고 있지만 고전하고 있는 사람들에게 이 책이 인생 2막을 성공적으로 준비할 수 있는 좋은 지침이 되기를 바란다.

행복한가게연구소 소장
허건

• 차례 •

부록 | 서민갑부가 전하는 성공을 위한 5가지 조언

- 실패는 성공으로 가기 위한 통로다
- 소자본 창업은 가족 경영이 기본이다
- 사업이 본궤도에 오르기까지는 시간이 걸린다
- 상품력과 영업력이 최고의 경쟁력이다
- 잘되는 지금, 미래를 준비한다

서민갑부
PART

1

프랜차이즈 이긴 작은 가게

송쓰버거 송두학 •

소문난 팥빙수 김성수 •

누룩꽃이 핀다 조유성, 이미경 부부 •

꽃분이의 식탁 곽정호, 김성연 부부 •

흙수저들에게
희망을!

송쓰버거 송두학

선생님마저 포기할 정도로
공부와 담쌓고 살았던 송두학 씨.
그런 그가 창업 12년 만에
건물 여덟 채의 주인이 될 수 있었던
놀라운 비밀.

열일곱에 아이 아빠 되다

부모의 재력에 따라 자녀 계급이 나뉜다는 '수저론'이 우리 사회를
멍들게 하고 있다. 과거에는 열심히 노력하면 누구나 성공할 수 있
다고 믿었다. 하지만 이제 사람들은 '개천에서 용 나는' 일은 더 이
상 없을 거라는 암울한 이야기를 한다. 흙수저로 태어나 금수저로
인생역전을 할 수 있는 기회의 문이 점점 닫히고 있어서다. 바로 이
런 이유 때문에 맨주먹으로 시작해 성공의 사다리에 오른 서민갑부
들이 더 돋보이는 것은 아닐까.

경기도 송탄역에서 내려 10분 정도 걸으면 '제2의 이태원'이라
불리는 평택국제중앙시장이 있다. 이곳에서 '송쓰버거'라는 수제버
거 가게를 운영하는 서른여섯 살의 송두학 씨. 시장 상인들 사이에
서 신화적인 존재로 통한다는 그가 바로 흙수저들에게 희망을 주는
서민갑부다.

그는 단돈 500만 원으로 시작해 12년 만에 상가 여덟 채를 가진 건물주가 됐다. 부모 도움 없이 오로지 혼자 힘으로 이룬 성공이다.

학창 시절 두학 씨는 공부와는 담을 쌓고 지내는 학생이었다. 친구들 사이에서 인기는 많았지만 공부보다 노는 것을 더 좋아했다. 당연히 성적은 나빴다. 심지어 한 학원 선생님은 그에게 가르쳐줄 수 없다며 집으로 돌아가라고까지 했다. 그러던 중 그는 공부 잘하고 예쁜 동갑내기 여고생 은미 씨에게 한눈에 반해 둘은 연인이 됐다. 하지만 때 이른 사랑으로 예기치 못한 일이 생겼다. 은미 씨가 아이를 가진 것이다. 그때 두학 씨와 은미 씨의 나이는 고작 열입곱 살이었다.

"여자친구가 임신을 하니 다른 마음은 안 들고 그냥 둘이 열심히 살아야겠다는 생각만 했죠. 이왕 이렇게 된 거 남들보다 10년 일찍 사는 셈 치자고 했어요."

두학 씨는 은미 씨가 임신 7개월이 돼 더 이상 숨길 수 없게 되자 양가 부모님을 찾아갔다. 그리고 결혼해 끝까지 책임지고 싶다고 말씀드렸다. 두학 씨 부모님은 은미 씨를 데리고 고향인 충남 논산으로 내려가 순산할 수 있도록 도왔다. 하지만 고향 친척들의 시선은 곱지 않았다. 어린 부부를 두고 뒤에서 좋지 않은 말들이 오갔다. 그때 두학 씨는 은미 씨의 손을 잡고 "보란 듯이 잘살아서 아무도 우리를 함부로 대하지 못하게 하겠다"고 다짐했다.

결국 은미 씨는 출산으로 학업을 끝마치지 못했고 두학 씨만 평택에서 겨우 고등학교를 졸업했다.

자격증 30개 따고 얻은 깨달음

고등학교를 졸업한 두학 씨는 서울 청계천시장에서 볼트 판매원으로 생활전선에 뛰어들었다. 그의 아내 은미 씨도 평택에서 옷 가게 점원과 식당 일을 하며 가계에 돈을 보탰다. 땀 흘려 일한 덕분에 두 사람은 1년 만에 1500만 원을 모았지만 정치에 뜻을 둔 아버지를 돕다 보니 모든 돈이 거짓말처럼 사라졌다. 그럼에도 이 부부는 부모를 원망하거나 좌절하지 않고 장사할 밑천을 마련하기 위해 노점 행상을 전전했다. 그 와중에 두학 씨는 생계의 돌파구로 자격증을 따는 데 매달렸다. 배운 게 없다 보니 자격증이라도 있어야 먹고살 수 있겠다고 생각한 것이다. 요양보호사, 방화관리자, 굴착기운전기능사, 지게차운전기능사 등 3년간에 걸쳐 30여 개의 자격증을 손에 넣었다.

"당시에는 자격증만 따면 돈을 쉽게 벌 줄 알았어요. 그런데 그건 저만의 착각이었어요."

이력서상의 스펙은 강화됐지만 현실은 쉽게 달라지지 않았다. 그렇다고 두학 씨가 그 시간을 후회하는 것은 아니다. 비록 자격증 취득이 생계로 이어지진 않았지만 이때의 경험으로 평생 간직할 소중한 자산을 얻게 됐기 때문이다.

"제가 공부 요령이 없어서 남들은 한 번에 붙는다는 운전면허 필기시험도 다섯 번이나 떨어진 끝에 합격했거든요. 그런데 온갖 면허증과 자격증을 따면서 노력하면 뭐든 해낼 수 있다는 자신감이 생겼어요. 지금의 '송쓰버거'를 있게 한 종잣돈도 중장비 면허증을 따기 위해 공부하면서 알게 된 형 덕분에 마련할 수 있었어요. 그 형이 보증금도 받지 않고 나중에 돈 벌어서 갚으라며 노점에서 팔 항공점퍼를 대줬거든요."

방황하던 두학 씨가 마음을 다잡게 된 계기는 또 있다. 은미 씨가 상대방의 과실로 가벼운 교통사고를 당해 병원에 입원해 있을 때였다. 보험금 때문에 퇴원을 차일피일 미루던 차에 같은 병실에 입원한 한 어머니와 문병 온 아들의 대화를 우연히 듣게 됐다. 팔을 다친 채 문병 온 아들의 모습을 본 어머니는 자신이 빨리 퇴원해 직장을 구할 테니 힘든 일을 그만두라고 말하는 것이었다. 하지만 아들은 자신이 벌어서 가족의 생계를 책임지겠으니 어머니는 걱정 말라고 했다. 그 장면을 지켜본 은미 씨는 스스로를 반성하게 됐다고 한다.

"문병 온 아들은 고등학교를 갓 졸업한 것 같았어요. 그 대화를 듣고 병원 침대에 누워 곰곰이 생각해보니 제가 너무 한심한 거예요. '우리 아이들도 이제 학교 가야 하는데 사지 멀쩡한 내가 왜 이러고 있나' 하는 자책감이 들더군요."

이런 마음이 든 것은 두학 씨 역시 마찬가지였다.

"그 아들은 팔을 많이 다쳤는데도 아랑곳하지 않고 저렇게 일하러 다니는데, 나는 뭐 하고 있나 싶었죠. 그때 정신이 번쩍 들었어요. 이렇게 살면 안 되겠다고."

결국 두학 씨는 더 이상 자격증 따는 것을 포기하고 밑바닥부터 다시 시작하자고 마음먹었다.

연탄 불고기 패티로 햄버거 시장에 도전

두학 씨 부부는 지인에게서 항공점퍼와 솜바지를 받아다 노점에서 파는 일을 시작했다. 밤에는 두학 씨 혼자 나이트클럽 등을 찾아다니며 보따리 장사를 했다. 일대일로 파는 데만 급급하지 않고 10개 이상 구입하면 옷값을 깎아주는 나름의 마케팅 전략도 도입했다. 부부가 열심히 노력한 덕분에 작은 점포를 얻을 수 있는 종잣돈 500만 원을 모을 수 있었다.

하지만 가진 것에 비해 현실의 벽은 너무 높았다. 두학 씨 부부가 눈여겨봐둔 점포의 보증금이 1000만 원이었던 것이다. 당장 500만 원이 모자랐지만 두학 씨는 눈앞에 아른거리는 그 가게를 포기할 수 없었다. 그는 한 달 동안 아내와 거의 매일이다시피 상가 주인을 찾아가 부탁했다. 그런 그의 모습에 주인이 감동받은 것일까. 얼마 후 그에게 기적 같은 기회가 찾아왔다. 상가 주인이 보증금 1000만 원짜리 가게를 500만 원에 빌려준 것이다. 나머지 500만 원은 3개월 후에 갚으라고 했다.

두학 씨는 어렵게 빌린 이곳에 옷 가게를 열어 아내와 함께 쉬지 않고 일했다. 어느 정도 돈이 모였을 무렵 매일같이 커피를 들고 시장을 오가는 사람들을 보며 옷 가게보다는 카페가 전망이 있겠다는 생각이 들었다. 그는 만약을 대비해 옷 가게를 처분하지 않고 카페와 함께 운영하기로 했다. 그러다 시장 내 옷 가게가 포화 상태에 이르자 두학 씨는 수제버거 가게라는 또 다른 사업을 구상한다.

평택에는 미군 부대가 있다 보니 전통적으로 햄버거가 인기 먹거리다. 수요가 있는 곳이니 가게만 차리면 당연히 손님이 올 줄 알았다. 하지만 당시만 해도 두학 씨는 햄버거를 만드는 노하우가 없어 완제품을 떼어다 판 것이 문제였다. 기대와 달리 하루에 고작 두세 개밖에 팔리지 않는 날이 이어졌다. 어디서나 맛볼 수 있는 햄버거라 경쟁력이 없었던 것이다.

차별화된 레시피 개발이 절실했다. 이후 두학 씨는 2년 간의 연구와 시행착오를 거쳐 연탄불에서 구워낸 자신만의 불고기 패티를 개발해냈다.

두학 씨는 일주일에 세 번 새벽 5시에 가게로 출근해 햄버거 패티를 굽는다. 짧게는 8시간, 길게는 10시간까지 연탄불과 사투를 벌인다. 겨울에는 그나마 견딜 만하지만 여름철에는 여간 고역이 아니다. 두학 씨 아버지가 패티 만드는 일을 돕고 있다. 패티는 양념한 불고기를 사흘간 냉장고에 숙성 보관해둔 것을 사용한다. 한 번에 굽는 양은 대략 120kg. 큰 통으로 열 통 정도의 분량인데 이것을 굽기 위해서는 1층에서 연탄불이 있는 2층으로 옮겨야 한다.

처음에는 무거운 고기 통을 들고 비좁은 계단을 열 번 이상 오르내렸다. 그러다 보니 정작 패티를 구울 땐 힘이 빠졌다. 결국 이를 개선하기 위해 두학 씨는 도르래를 설치했다. 두학 씨가 1층에서 고기 통을 줄에 걸면 2층에서 아버지가 도르래를 이용해 줄을 당긴다. 그러면 고기 통을 훨씬 수월하게 운반할 수 있게 된다. 작은 아이디어였지만 덕분에 이 부자는 무거운 짐을 운반하는 수고를 덜고 패티 굽는 일에 좀 더 집중할 수 있게 됐다.

패티는 두학 씨 가게 2층의 외부 공간에서 굽는다. 굳이 새벽에 이 일을 하는 이유는 영업 중에는 너무 바빠 따로 구울 시간도 사람도 없기 때문이다. 또 주변에 옷 가게가 많다 보니 고기 굽는 냄새가 혹시라도 판매하는 옷에 밸까 봐 이들 매장이 문 열기 전에 굽는 이유도 있다. 물론 두학 씨도 장사 초기에는 1층 매장 앞에서 패티를 구우면서 맛있는 냄새로 손님들을 유인해볼까 하는 생각도 잠깐 했다. 하지만 남들에게 피해를 주면서까지 돈을 벌고 싶지는 않았다.

스스로의 입맛을 만족시켜라

새벽 5시부터 연탄불에 구운 불고기 패티는 두학 씨 아버지가 일일이 손으로 비벼 잘게 부스러뜨린다. 그런데 왜 기계를 쓰지 않고 굳이 힘들게 손으로 이 일을 하는 걸까. 이에 대해 두학 씨는 "기계로도 해봤는데 나중에 씹는 식감이 손으로 하는 게 가장 좋더라고요. 그래서 힘들어도 하나하나 손으로 하고 있어요"라고 설명한다.

연탄불로 초벌구이한 패티는 고객의 주문이 들어오면 바로 팬에 올려 달걀과 섞어 다시 한 번 굽는다. 이렇게 하면 부드러운 식감이 더해지기 때문. 여기에 치즈를 올려 패티의 모양을 잡고 고소한 맛을 더한다. 팬에 살짝 구운 햄버거 빵에 신선한 양상추와 이곳에서만 맛볼 수 있는 소스 그리고 불고기 패티를 올리고 나면 연간 5만 개 이상 팔려나간다는 두학표 수제버거가 완성된다. 송쓰버거에는 소스도 순한맛, 보통맛, 매운맛 세 종류가 있어 고객이 원하는 대로 선택할 수 있다. 지금의 햄버거 레시피를 완성하기까지 두학 씨는 많은 시행착오를 겪었다.

"초창기에는 꽤 힘들었어요. 따로 배울 데도 없어 시간이 많이 걸렸죠. 그런데 그 일에 얼마나 몰두했는지 2년 동안 시간 가는 줄 모르고 연구개발에만 매달린 거 같아요. 매일매일 새로운 햄버거 패티를 구우면서 그 일에 푹 빠져 살았죠."

이렇게 열성적으로 매달린 덕분일까. 그가 만든 수제버거는 금세 맛있다는 소문이 나면서 일손이 달릴 만큼 불티나게 팔리기 시작했다.

두학 씨가 레시피를 개발할 때 염두에 둔 건 딱 두 가지다. 자신의 입맛을 만족시켜야 한다는 점과, 다른 햄버거 가게에서는 맛볼 수 없는 차별성이 있어야 한다는 점이다. 두학 씨가 음식 장사를 하려는 후배들에게 자주 하는 말이 있다.

양념한 불고기를 사흘간 냉장고에서 숙성시켰다가 연탄불에 구운 패티로 만드는 햄버거. 매콤한 특제소스와 어우러져 1년에 10만 개 이상 판매된다.

"음식 장사를 할 때는 내가 그 음식을 먹는다고 생각하고 어떻게 만들면 가장 맛있을지 고민하고 또 고민하는 게 제일 중요해요. 그리고 손님들이 일부러 찾아올 수 있게 같은 메뉴라도 변화를 줘야 해요. 저희 가게에서 파는 햄버거가 다른 데서도 얼마든지 먹을 수 있는 거라면 굳이 여기까지 손님들이 올 이유가 없잖아요. 그런데 다른 가게에서는 맛볼 수 없는 독특하고 맛있는 햄버거가 있다면 이야기가 달라지겠죠. 음식점들의 경쟁이 워낙 심해 이제 차별화하지 않으면 살아남을 수 없어요. 만약 제가 국수 가게를 낸다면 남들이 안 쓰는 재료로 국수를 만들어볼 거예요. 만들어서 이게 아니다 싶으면 다른 재료로 도전해보고, 또 아니다 싶으면 또 다른 재료로 만들어보는 거죠. 육수도 국물용 멸치만으로는 맛이 안 난다면 쌀뜨물을 넣어본다든지 해서 일반 국숫집에서는 맛볼 수 없는 색다른 국수를 손님들 앞에 내놓을 거 같아요."

성공으로 이끄는 긍정의 힘

두학 씨의 햄버거 가게를 처음 방문한 사람이라면 으레 겪게 되는 황당한 상황이 있다. 분명히 햄버거 가게인데 이곳에서는 주문할 수도 먹을 수도 없다. 가게 맞은편에 있는 카페에서 주문하고 먹어야 한다. 사실 햄버거 가게와 카페는 둘 다 두학 씨의 매장이다. 그런데 햄버거 가게에서는 햄버거만 만든다. 굳이 이렇게 공간을 나눠놓은 이유가 무엇일까.

"카페에서 주문을 받는 이유는 이렇게 해야 햄버거와 함께 커피를 팔 수 있기 때문이에요. 일종의 끼워 팔기 방식이죠."

그의 말처럼 손님들은 햄버거를 살 때 메뉴판에 적힌 커피나 음료까지도 함께 주문하는 경우가 많아 전체 매출에도 큰 도움이 되고 있다. 하지만 매장을 운영하는 입장에서는 수고가 더 들 수밖에 없다. 카페에서 주문하면 그 내용이 맞은편 햄버거 가게에 자동으로 전달되지만, 햄버거가 완성되면 카페 직원이 햄버거 가게로 달려가 가져와야 하기 때문이다. 보통은 두학 씨 부부가 나눠 이 일을 하지만 주말이나 바쁠 때는 딸 연지 양이 일손을 돕는다. 두학 씨의 매장이 매출 대비 수익성이 높은 이유는 이처럼 가족이 같이 일해 인건비 부담이 적고 자기 소유 매장이라 임대료도 안 내기 때문이다.

두학 씨가 햄버거 가게와 카페를 동시에 운영하는 데는 또 다른 목적이 있다. 바로 한 업종이나 한 가게에만 집중했을 때 발생할 수 있는 위험에 미리 대비하려는 것이다. 두학 씨가 사업할 때 한곳에 전부 투자하는 '올인' 방식을 피하는 데는 나름의 사연이 있다.

"어느 날 장사로 큰돈을 벌었다던 한 지인을 만났어요. 그런데 그

지인이 최근 자신의 가게가 완전히 망해 돈도 잃고 아내는 친정으로, 자식들은 본가로 모두 뿔뿔이 흩어지게 됐다고 하소연하는 거예요. 그때 결심했죠. 전 재산을 한곳에 전부 투자하는 일만은 절대 피하자고. 사업하다 보면 누구나 실패할 수 있는 거잖아요. 그런데 '올인'했다 문제가 생기면 전부를 잃게 되는 거니까 비록 실패하더라도 어느 정도 손실을 피해갈 수 있게 분산투자하는 게 정답이라 생각했죠. 각각의 사업 아이템이 완성도가 높다면 굳이 '올인'하지 않아도 잘될 수 있다는 자신감도 있었고요."

사업 초기 두학 씨 부부는 함께 옷 가게를 운영하며 돈을 꽤 벌었다. 하지만 점차 사양길이라는 예감이 왔다. 그래서 수제버거라는 새로운 사업을 생각했지만, 당장 수입이 생기는 옷 가게를 접고 업종을 변경하기엔 위험 부담이 컸다.

결국 두학 씨는 햄버거 가게 대신 카페를 먼저 열고 옷 가게는 그대로 뒀다. 은미 씨와 함께 옷 가게와 카페를 동시에 운영한 것이다. 이후 원하던 햄버거 가게를 시작했을 때도 옷 가게와 카페까지 3군데를 동시에 운영했다. 그러다 햄버거 가게가 완전히 자리 잡은 후 비로소 수익성이 떨어지는 옷 가게를 정리했다.

사업에 최선을 다해야 한다는 말이 꼭 한 개의 매장, 한 개의 업종에만 집중해야 한다는 건 아닐 것이다. 모든 사업은 불확실성을 가지고 있다. 지금 잘되는 사업이 앞으로도 계속 잘되리란 보장은 없다. 마치 살아 있는 생물처럼 진화와 발전을 하고 경우에 따라 쇠퇴하거나 소멸하기도 한다. 비디오대여점이 어느 순간 모습을 감춘 이유는 사장님들이 목숨을 걸고 일하지 않아서가 아니다. 시장이 바뀌었기 때문이다. 사업을 하는 데 리스크를 줄일 수 있는 방법 중 하나는 만약을 대비해 수익 창출원을 찾아 꾸준히 개발하는 것이다.

선생님도 포기한 학생 그리고 고등학생 때 이미 한 아이의 아빠가 된, 앞이 전혀 보이지 않았던 청년 두학 씨. 그는 마흔 살이 되기 전까지 건물 열 채를 갖는 것이 목표다.

"저, 정말 열심히 살았어요. 노력하면 안 되는 일이 없더라고요. 뭐든 마음먹기에 달렸어요. 긍정적인 자세가 중요해요. '난 왜 안 되지' 하면 진짜 되는 일이 없어요. 자기 자신을 사랑하고 믿어야만 남들에게도 사랑받고 믿음을 줄 수 있어요. 요즘 다들 힘들다고 말하는데, 스스로를 믿고 열심히 살다 보면 어느 순간 세상이 환하게 열려요. 저도 그랬으니까요."

현재 평택국제중앙시장의 상인회 회장으로도 활동하고 있는 그는 혼자 잘되는 것보다 시장 전체, 나아가 지역 전체가 잘되길 바란다. 그래서 그는 자신처럼 빈손으로 시작하는 청년 사업가들에게 관심이 많다. 청년들이 와서 일해야 전통 시장도 살아난다는 게 그의 지론. 때문에 시간이 날 때마다 청년들이 차린 가게에 들러 조언을 아끼지 않는다. 초보 사장들 역시 시장에서도 소문난 입맛을 가진 두학 씨에게 신메뉴를 선보이며 아이디어를 얻는 데 주저함이 없다.

비록 흙수저로 태어났지만 긍정적인 마음가짐과 성실함 그리고 목표를 향한 열정으로 자신의 수저 색깔을 보란 듯이 바꿔놓은 두학 씨.

그는 성공한 지금도 현실에 안주하지 않고 새로운 햄버거를 만들기 위해 실험하고 또 실험한다.

두학 씨는 성공 비법을 묻는 사람들에게 '도전정신'의 중요성을 강조한다. 끊임없이 노력하고 도전하다 보면 자신이 그랬던 것처럼 당신도 언젠가 웃으며 오늘을 이야기할 수 있게 된다고.

햄버거 갑부 송두학 씨의
사업 위험 줄이기

사업 확장 과정에서 한 매장에 '올인'하는 전략은 금지

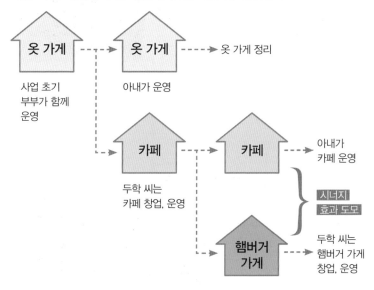

이것만은 꼭! 한 줄 성공 비법

- 남들과 똑같은 메뉴로는 절대 성공하지 못한다. 차별화된 자기만의 메뉴를 개발하라.
- '올인'하는 게 반드시 정답은 아니다. 만약을 대비해 돈벌이가 되는 사업, 캐시카우(Cash Cow)를 준비하고 개발하라.
- 성공했다고 안주하지 말고 새로운 일에 끊임없이 도전하라.

상호 • 송쓰버거(송두학버거)

대표자 • 송두학

주소 • 경기도 평택시 중앙시장로25번길 12-1

영업시간 • 오전 10시 30분~오후 9시 30분

정기휴일 • 없음

점포 면적 • 햄버거 매장 10평 + 카페 매장 10평
          + 주방 10평

송쓰버거 연 매출 (제작진 추산)
햄버거 개당 4000원 × 10만 개
총 4억 원

뜨거운 불 견뎌
이룬
시원한 성공

◈ **2**

소문난 팥빙수 김성수

단돈 2500원짜리 팥방수로
여름 성수기에만
월 1억 원 이상 버는 가게가 있다.
화려한 팥빙수들 사이에서
전통의 맛을 지켜내고 있는
팥빙수 명장의 뚝심.

옛날 팥빙수의 자존심

빙수 매장은 뭐니 뭐니 해도 여름이 대목이다. 여름 한철 얼마나 매출을 올리느냐가 빙수 매장의 성패를 가른다. 부산시 남구 용호동에는 여름 하루 동안 1000그릇 이상의 팥빙수를 파는 서민갑부의 매장이 있다. 성수기 월 매출이 1억 원에 달한다는 곳. 팥빙수 명장 김성수(64) 씨와 두 아들이 운영하는 가게 '소문난 팥빙수'다.

성수 씨의 매장은 부산 이기대도시자연공원 입구에 위치하고 있다. 공원을 드나드는 사람들이 쉽게 접근할 수 있는 지리적 이점이 있는 곳이다. 인근에는 대규모 아파트 단지도 자리 잡고 있다.

하지만 요즘 같은 불경기에 목 좋은 곳에 매장이 있다고 장사가 절로 잘될 리 없다. 게다가 이색 빙수가 넘쳐나는 시대다. 망고, 딸기, 청포도 같은 신선한 과일은 물론 초콜릿, 치즈, 곡물 등이 토핑된 색다른 빙수가 사람들의 입맛을 유혹한다. 고급 디저트 못지않은 비주얼도 빙수의 핵심 요소가 됐다. 그러면서 가격도 고공행진을 하고 있다. 8000~9000원짜리는 기본이고 1만 원을 훌쩍 넘는 빙수도 흔하다.

하지만 '소문난 팥빙수'는 트렌드를 좇지 않고 정반대 전략으로 경쟁한다. 곱게 간 얼음 위에 단팥을 듬뿍 얹고 고명 떡과 사과잼을 올려 낸다. 화려한 토핑과 비주얼이 아닌 심플함, 그 자체로 승부하는 것이다. 이렇게 만든 팥빙수 한 그릇의 가격은 2500원에 불과하다. 기본에 최대한 충실해 팥빙수 품질은 높이되 가격의 거품은 확 걷어냈다.

유명 브랜드의 절반에도 못 미치는 저렴한 팥빙수로 성수 씨는 성수기 기준 월 매출 1억 원을 달성하고 있는 것이다. 맛있는 데다 가격 부담도 없다 보니 성수 씨 가게에는 단골이 많다. 3주 연속 '소문난 팥빙수'를 찾았다는 손님도 있고 심지어 하루에 4번 방문했다는 손님도 있다. 일반적인 빙수 매장은 '1인 1그릇 주문'이라는 표시를 계산대 앞에 크게 써 붙여놓는 경우가 많다. 이는 여러 명이 와서 한두 그릇만 주문하는 것을 방지함으로써 객단가(고객 1인당 평균 매입액)를 높이기 위함이다. 그런데 성수 씨 매장에서는 굳이 '1인 1그릇'을 강조하지 않아도 손님들 스스로가 1인 1그릇을 주문한다. 4명이 가도 1만 원이면 팥빙수를 한 그릇씩 먹을 수 있기 때문이다.

성수 씨가 팥빙수를 만드는 과정은 간단하다. 1단계로 빙수 맛을 부드럽게 해줄 우유를 빙수 그릇에 붓는다. 2단계로 옛날식 팥빙수답게 통얼음을 빙삭기로 갈아 넣어준다. 이때 밑에 우유가 있으니 얼음을 많이 넣어주는 것이 포인트. 3단계로 준비한 단팥을 얼음이 덮일 만큼 듬뿍 얹어준다. 4단계로 찰떡과 사과잼을 보기 좋게 올리면 완성. 더 들어가는 것도, 더 얹어주는 것도 없다. 우유, 얼음, 단팥, 떡, 사과잼 이렇게 다섯 가지 재료만으로 만들었는데도 손님들은 한 목소리로 맛있다고 외친다. 가성비(가격 대비 품질)가 높다 보니 손님들의 만족도도 크다.

"달지 않고 맛있어요" "다른 곳보다 단팥이 많이 들어 있어 좋아요" "팥빙수가 시원하면서 고소해요"라는 평이 주를 이룬다.

기본을 최대한 살려 맛을 내니 고소함과 담백함이 특징이다. 말 그대로 심플함으로 승부하는 팥빙수다.

50도 열기 견뎌 완성하는 단팥

여름 성수기가 되면 성수 씨 삼부자의 하루는 새벽 5시부터 시작된다. 팥을 삶아 빙수에 올릴 단팥을 직접 만들어야 하기 때문이다. 다른 팥빙수 가게들처럼 별도의 공급처에서 단팥을 받지 않고 성수 씨가 거주하는 2층 주택의 1층 작업장에서 전부 만든다. 1층이 단팥 공장인 셈이다. 또한 이곳은 팥 저장 창고이기도 하다. 여름 한철 사용할 40kg짜리 팥이 150포대 정도 보관돼 있다. 국내산 팥은 아니다.

"솔직히 말씀드려 국내산 팥으로 만들면 팥빙수 가격을 2500원에 맞출 수 없어요. 하지만 저희가 쓰는 팥은 품질이 좋은 재료예요. 그래서 수입산인데도 절대 가격이 싸지 않아요."

수입산이지만 가격대가 있는 좋은 팥을 사용하고 있다는 성수씨. 그는 팥을 구매하기 전 누구보다 깐깐하게 품질검사를 한다.

"검사해서 팥이 안 좋으면 다 바꿔요. 한꺼번에 100포대를 돌려보낸 적도 있다니까요. 좋은 팥이 팥빙수의 기본이니까 꼼꼼하게 검사할 수밖에 없죠."

성수 씨네 팥빙수가 저렴한 가격에도 뛰어난 맛을 유지할 수 있는 비결이다. 다른 토핑을 안 쓰기 때문에 성수 씨네 팥빙수 맛은 단팥에서 결정된다. 그래서 성수 씨는 팥을 삶는 과정에 정성을 다한다. 팥은 2포대 80kg 분량을 12개 솥으로 나눈 다음 6개 솥씩 삶는다. 이때 6~7년 간수를 뺀 저염 소금을 넣어 맛을 낸다.

1차로 30~40분간 삶은 팥은 소쿠리에 건져 찬물로 헹궈낸다. 팥의 쓴맛을 씻어내기 위해서다. 이렇게 헹군 팥을 다시 압력솥에 넣고 2차로 삶는다. 그런 다음 설탕물에 조리는데 이 과정이 맛을 결

화려한 토핑 대신 직접 만든 단팥을 듬뿍 얹어주는 팥빙수. 단팥을 만들 때 잠시라도 방심하면 타버릴 수 있어 계속 저어주며 주의를 기울여야 한다.

정하는 가장 중요한 순간이다. 왜냐하면 팥과 설탕 비율이 성수 씨네 팥빙수 레시피의 핵심이기 때문이다. 성수 씨는 이 비율을 아들들에게도 안 알려줬다고 한다.

팥을 조리는 일은 시간이 오래 걸리고 수고도 많이 드는 과정이다. 무려 4시간 동안 6개의 대형 솥을 번갈아가며 계속 저어줘야 한다. 설탕이 들어 있기 때문에 잠시라도 방심하면 타버릴 수 있어 특히 주의를 기울여야 한다. 섭씨 50도에 가까운 열기를 견뎌가며 4시간을 꼬박 저어주면 팥빙수에 들어갈 단팥이 완성된다.

"쉬지 않고 저어줘야 하기 때문에 혼자 작업하다 보면 화장실도 못 가요."

큰아들 근만 씨가 이 일을 처음 배울 때는 두 달 동안 몸무게가 10kg이나 빠졌다고 한다. 그 정도로 고된 작업이다. 이 과정을 통해 아들들은 한 그릇의 팥빙수에 담긴 진정한 땀의 대가를 배우게 됐다. 새벽 5시부터 장장 5시간 동안 계속된 단팥 제조 작업은 성수 씨의 '오케이' 사인이 떨어지면 비로소 끝이 난다. 이렇게 완성된 단팥은 통에 담아 하루 동안 식히는 과정을 거친 뒤 손님들에게 나간다.

성수 씨네 단팥 제조 과정

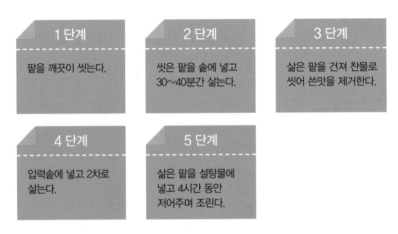

이 과정을 옆에서 지켜보다 보면 단팥을 그냥 사서 쓰는 게 편하겠다는 생각이 절로 들지만, 지난 24년간 성수 씨는 이 고된 작업을 고집해왔다. 단팥을 만드는 작업을 할 때는 그 누구보다 엄격한 아버지가 된다는 성수 씨. 아들들은 아버지의 지시에 맞춰 움직인다. 그리고 불 조절은 언제나 성수 씨의 몫이다. 그에게 불 조절은 최고의 단팥을 만들기 위한 하나의 의식이다.

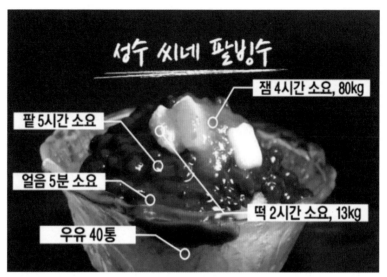

성수 씨네 팥빙수

잼 4시간 소요, 80kg

팥 5시간 소요

얼음 5분 소요

떡 2시간 소요, 13kg

우유 40통

한 그릇에 2500원에 불과한 팥빙수지만 여기에는 김성수 씨와 두 아들의 땀과 정성이 가득 들어가 있다.

성수 씨는 팥빙수에 토핑되는 사과잼도 작업장에서 직접 만든다. 원재료인 사과 역시 성수 씨가 청과물도매시장에서 대량 구매한 것이다. 바쁜 와중에도 굳이 이렇게 하는 이유는 좋은 품질의 사과를 저렴한 가격에 살 수 있기 때문이다.

사과잼을 만들기 위해 먼저 사과를 깨끗이 씻어 얇게 썬다. 그런 다음 커다란 솥에 넣고 불을 켠 상태로 3시간 반 정도 계속 저어준다. 재료는 사과와 설탕이 전부. 팥과 마찬가지로 쉬지 않고 저어주는 것이 중요하다. 이렇게 고된 시간이 지나면 작업장은 사과 향기로 가득해지고 명품 수제사과잼이 완성된다. 팥빙수에 딱 한 숟가락 올라가지만 그래도 사과잼이 있어야 팥빙수 맛이 풍성해진다.

"저희가 가게에서 직접 단팥과 잼을 만들기 때문에 손님들은 다른 곳보다 맛있는 팥빙수를 싼 가격에 드실 수 있는 거예요. 가격은 저렴한데 맛이 좋으니 많이 팔리는 건 당연한 일이겠죠. 그게 저희 가게만의 생존 비법인 셈이죠."

성수 씨의 매장에는 두 가지 메뉴만 있다. 팥빙수와 단팥죽. 스스로를 '팥을 다루는 사람'이라고 말하는 팥의 명장 성수 씨는 당연히 단팥죽도 매장에서 직접 만든다. 단팥죽을 만들기 위해서는 먼저 국물용 팥과 알맹이용 팥을 따로 나눠 삶아야 한다. 압력솥에서 팥을 푹 삶아낸 뒤 국물용 팥은 믹서에 곱게 갈아낸다. 그리고 국물용 팥을 알맹이용 팥과 섞은 뒤 약 1시간 동안 저으며 쑤어내면 성수 씨네 단팥죽이 완성된다. 이렇게 만든 단팥죽 역시 한 그릇에 2500원이다. 단팥죽은 비수기인 겨울철과 하루 중 오전에 특히 인기 있는 효자 메뉴다.

열세 살의 소년 가장

성수 씨의 삶은 평탄하지 않았다. 고난은 너무 어린 나이에 찾아왔다. 성수 씨 아버지는 성수 씨가 어렸을 적부터 집안일은 아예 뒷

전이었다. 매일 노름판에 빠져 있었다. 결국 성수 씨 아버지는 가족의 재산을 노름으로 탕진하고 집을 나가버렸다. 뒤이어 생활고를 못 이긴 어머니마저 아이들을 남겨두고 집을 떠났다. 하루아침에 성수 씨는 여동생들을 먹여 살려야 하는 소년 가장이 됐다. 그때 그의 나이는 불과 열세 살이었다.

"동생들을 제가 키워야 했죠. 당시 막냇동생이 젖먹이였는데 분유 살 돈이 없어서 쌀뜨물에 사카린을 타서 먹였어요."

어린 나이였지만 동생들을 돌보려면 어떻게든 돈을 벌어야 했다. 성수 씨는 책 보따리를 내려놓고 '아이스께끼' 장사를 시작했다. 처음 책가방 대신 아이스께끼통을 들었을 때 혹시나 학교 친구들을 만나면 어쩌나 싶어 부끄럽고 창피했다. 하지만 그런 걸 오래 생각할 겨를이 없었다. 그는 거리로 나서 "아이스께끼~ 아이스께끼~ 시원한 아이스께끼 있어요~" 하고 외쳤다. 그렇게 동생들과 힘겹게 하루하루 생계를 유지해나갔다.

성인이 된 성수 씨는 1990년 본격적으로 자신의 사업을 해보겠다며 가구 공장을 차렸다. 책상부터 신발장, 찬장까지 다 만들었다. 하지만 부도가 나고 말았다. 어음 거래가 문제였다. 당시 부산에선 개인어음 부도가 많이 났는데 성수 씨도 이를 피해가진 못했다. 부도난 금액은 2억5000만 원 가까이 됐다. 힘들게 이룬 사업이라 그 절망감은 이루 말할 수 없었다.

그는 술독에 빠져 살았다. 아무것도 하고 싶지 않았다. 맨 정신으로 버틸 수 없었던 그에게 술만이 유일한 위로였다. 그렇게 폐인처럼 지내던 어느 날, 성수 씨는 두 아들에게서 어린 시절 배고팠던 자신의 모습을 보게 됐다. 언제까지 그렇게 지낼 수는 없었다. 다시 힘을 내야 했다. 그렇게 힘들었던 자신의 유년 시절을 자식들에게 물려주지 않기 위해서라도 다시 일어서야 했다. 어린 시절 아이스께끼 판매 경험이 그에게 새로운 사업 아이디어를 줬다.

"마침 부산 이기대도시자연공원이 군사보호지역에서 해제돼 이곳에서 장사하면 좋겠다는 생각이 들었어요. 여기에 탁자를 하나 놓으니 장사에 제격인 게 제 눈에 보이더라고요. 옛날 아이스께끼 팔던 시절이 떠오르면서 여기서 팥빙수를 팔면 딱이겠다 싶었죠."

살아온 환경이 아이디어를 만든다. 당시에는 비록 아프고 힘든 경험일지라도 그것이 사업 아이템으로 연결되는 경우가 많다. 성수 씨가 군사보호지역 해제가 미칠 영향을 고려해 상권과 입지를 선정한 것도 새롭게 일어설 수 있는 계기가 됐다.

어린 시절의 경험을 떠올려 운명처럼 팥빙수 가게를 시작했지만 엄밀히 말하면 둘은 전혀 다른 일이다. 성수 씨는 주방 한구석에서 팥빙수를 연구하며 장사를 했다. 하지만 따로 요리를 배운 적도 없는 그가 처음 만든 팥빙수로 손님들을 만족시킨다는 건 무모한 도전이었을까. 맛있는 팥빙수를 만들겠다며 실험 과정에서 버린 재료

값도 상당했다. 장사하며 3년간 오로지 팥빙수 연구에만 매달렸다.

"그땐 정말이지 팥이 요물처럼 느껴졌어요. 분명히 제대로 삶아 설탕물에 조렸는데 냉장고에 들어가기만 하면 돌처럼 딱딱해지더라고요. 실패를 많이 했어요. 초창기에는 팥빙수를 하루 20~30그릇도 못 팔았어요. 3년 정도 지나니까 그제야 손님이 많아지더라고요."

손님들이 늘면서 가게는 자리를 잡아갔고 당시 열네 살이던 작은 아들이 그의 일을 도우면서 성수 씨는 든든한 지원군을 얻게 됐다.

포장과 배달 판매로 올리는 놀라운 매출

팥빙수 한 그릇이 2500원에 불과하지만 높은 매출을 기록하는 이유는 역시 많이 팔리기 때문이다. 이는 훌륭한 입지, 질 좋은 재료, 저렴한 가격 삼박자를 다 갖췄기에 가능한 일이다. 하지만 여기에 한 가지 이유가 더 있다. 바로 포장과 배달 판매다.

'팥빙수를 포장해 가는 손님이 얼마나 되겠어?'라고 생각할지 모르지만 전체 매출의 30%가 포장 손님에게서 나온다. 여름에 매장 안에 손님이 가득 차면 나중에 온 사람은 어쩔 수 없이 밖에서 기다려야 한다. 무더위에 땀을 뻘뻘 흘리며 줄을 서서 기다리는 것은 상당한 고역일 터. 그러다 보니 포장해 가져가는 손님도 상당하다. 찾아온 손님이 빈손으로 돌아가지 않도록 하는 것. 이것이 성수 씨의 팥빙수 가게가 성공할 수 있었던 또 다른 비결이다. 포장용으로 판매하는 팥빙수는 우유-얼음 간 것-단팥 순서로 올리지 않고 얼음 간 것을 제일 나중에 올린다.

"얼음 위에 단팥을 올리면 가져가는 동안 다 녹아버려요. 그런데 얼음 간 것을 맨 나중에 올리면 10분 정도는 얼음이 녹지 않기 때문에 포장 판매가 가능한 거죠."

주문 전화가 오면 중국집처럼 철가방에 팥빙수를 담아 오토바이로 배달한다. 철가방은 마치 냉장고처럼 팥빙수의 차가운 상태를 유지해주고 여러 그릇을 차곡차곡 담을 수 있어 얼음이 뭉치지 않는다는 장점이 있다.

배달은 성수 씨의 둘째 아들 태형 씨 담당이다. 밖에서 일하거나 운동하는 사람들이 주로 배달 주문을 이용한다. 이를 통한 매출만 하루 20만 원에 달한다. 한 달이면 600만 원으로 무시 못 할 금액이다.

"저희 엄청 바쁘게 살죠? 다 티끌 모아 태산이에요."

한 그릇에 2500원밖에 하지 않는 팥빙수라 배달까지 하고 나면 남는 게 거의 없을 것 같은데, 태형 씨는 웃으면서 이렇게 말한다.

시원한 한 그릇의 팥빙수를 위해 오늘도 뜨거운 열기와 혹독한

노동을 기꺼이 견디는 아버지와 아들들. 이들의 하루 일과를 지켜
보느라면 정직한 땀이야말로 돈을 부르고 음식 맛을 완성하는 가장
중요한 비결이라는 생각이 든다.

팥빙수 갑부 김성수 씨의
5박자 성공 전략

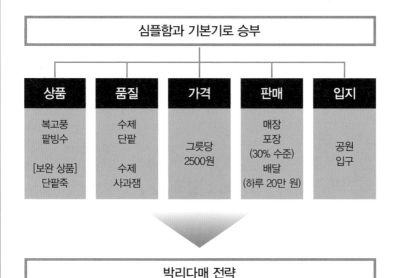

심플함과 기본기로 승부				
상품	**품질**	**가격**	**판매**	**입지**
복고풍 팥빙수 [보완 상품] 단팥죽	수제 단팥 수제 사과잼	그릇당 2500원	매장 포장 (30% 수준) 배달 (하루 20만 원)	공원 입구

박리다매 전략

이것만은 꼭! 한 줄 성공 비법

● 차별화가 과잉인 시대에 심플함과 기본기로 승부하는 것도 훌륭한 전략이다.

● 가격 거품 제거와 놀랄 만한 품질 수준은 수입산도 통하게 만든다.

● 단일 아이템을 취급하는 전문 매장일지라도 연관 분야의 보완 아이템을 구비하는 것이 필수 요소다.

상호 · 소문난 팥빙수
대표자 · 김성수
주소 · 부산시 남구 동명로145번길 102
영업시간 · 오전 9시 ~ 오후 10시 30분
정기휴일 · 추석 연휴 2~3일
점포 면적 · 약 10평

소문난 팥빙수 여름 성수기 월 매출(제작진 추산)
배달 620만 원＋포장 3800만 원＋매장 4100만 원
＋공장 단팥 판매＝ 약 1억 원

가난한 귀농부부
빵 터졌네

누룩꽃이 핀다 조유성 · 이미경 부부

전라도 깡촌에서
매달 1200만 원이라는 놀라운 매출을 올리는
빵 가게가 있다.
단 세 가지 메뉴로 전국을 사로잡은
시골빵집의 기적.

누룩으로 발효시킨 건강 빵

은퇴 후 귀농을 꿈꾸는 사람들이 많다. 하지만 실제로는 시골 생활에 적응하기가 쉽지 않다는 것이 귀농 선배들의 한결같은 이야기다. 생각지도 않은 일로 마을 주민들과 갈등이 생기기도 하고 특별한 기술이나 할 일이 확실치 않으면 경제적으로도 어려움을 겪기 때문이다.

예비 귀농자들의 이 같은 우려를 말끔히 씻어줄 부부가 있다. 한적한 시골에서 빵을 구우며 마을을 변화시키고 작은 기적을 만들어가는 조유성(47) · 이미경(46) 씨 부부가 그 주인공이다. 이 부부는 전라남도 화순군 야사마을에서 '누룩꽃이 핀다'라는 빵집을 운영하며 귀농생활의 모범답안을 써내려가고 있다.

마을에서 만난 한 할머니는 "빵집이 생겨 우리 마을이 정말 좋아졌어요~"라고, 또 다른 아저씨는 "참 대단한 일이죠. 기적이 일어나고 있어요~"라고 말한다. 도대체 빵집이 마을에 어떤 기적을 만들었다는 말일까.

시골에서 빵집이 성공했다고 하면 그래도 위치가 좋을 거라고 생각하기 쉽다. 하지만 유성 씨의 빵집은 그야말로 산 넘고 물 건너 찾아가야 하는 곳에 있다. 유성 씨가 이곳에서 빵집을 하겠다고 했을 때 가장 많이 들은 말도 "이런 시골에서 빵집이 되겠어?"였다.

"말 그대로 깡촌이죠. 서울에서 오려면 족히 5시간은 걸릴 겁니다."

주민이라고 해봐야 40여 가구, 70명 남짓이 전부다. 과연 인구가 100명도 안 되는 전원마을에서 성공적으로 빵집을 운영할 수 있을까. 흔히 '창업에서 입지가 성공의 7할이다'라고 말한다. 그만큼 입지가 중요하다는 뜻이다. 그런데 유성 씨의 빵집은 어떻게 입지의 한계를 극복하고 연간 1억5000만 원의 매출을 올릴 수 있었을까.

빵집 '누룩꽃이 핀다'가 있는 야사마을 인근에는 전라남도 화순군의 대표 관광지로 손꼽히는 '적벽'이 있다. 창랑천과 영신천 유역의 크고 작은 붉은색의 수직 절벽이 눈길을 사로잡는 곳이다. 이곳 외에도 무등산 양떼목장이 가까이 있어 관광지를 찾아온 사람들이 주요 고객이다.

하지만 이것만으로는 시골빵집의 인기를 설명하기에는 부족해 보인다. 유성 씨네 빵집만의 뭔가가 있어야 한다. 빵집은 빵맛이 핵심 경쟁력이다. 손님들은 시골빵집의 빵맛이 다른 곳과 확실히 다르다고 말한다.

"다른 빵집보다 훨씬 바삭거리고 식감도 좋아요.""확실히 좋은 재료로 만드니까 맛도 더 좋은 것 같아요. 많이 달지도 않고요."

이곳은 빵 종류도 많지 않다. 곰보빵, 단팥빵, 머핀 이렇게 세 가지가 전부다. 하지만 매일 오후 따끈하게 구워져 나오는 빵은 두세 시간 만에 동이 날 정도로 인기가 많다. 빵이 나오는 시간에 맞춰 가야 살 수 있는 기회가 높아진다.

이곳 빵집에서 만든 단팥빵에는 부부의 인심처럼 팥이 듬뿍 담겨 있다. 달달한 머핀은 몸에 좋은 뽕잎가루를 섞은 반죽으로 만들고, 고소한 곰보빵은 뽕잎가루를 골고루 묻혀 구워낸다. 보기에는 평범하다 못해 소박해 보이지만 이곳의 빵에는 유성 씨만의 자연발효 노하우가 담겨 있다.

마을에서 직접 농사지은 뽕잎가루를 넣어 머핀을 만드는 미경 씨. 이곳에서 판매하는 빵들은 매장에 나오자마자 금방 동이 날 만큼 인기다.

유성 씨는 일반 빵집에서 하듯 밀가루 반죽에 이스트를 넣어 짧은 시간에 발효시키는 방식으로 빵을 만들지 않는다. 누룩을 이용해 충분히 발효 과정을 거친다. 이렇게 만든 빵은 소화가 잘되고 속이 편하다. 담백하면서 빵 고유의 맛과 풍미가 살아 있다. 하지만 이런 천연발효종 빵을 만들기 위해서는 유성 씨만의 고도의 노하우와 기술이 필요하다. 만드는 과정도 시간과 수고가 더 들게 마련이어서 일반 빵보다 비싼 편이다.

"일반적인 빵집은 새벽에 반죽해 그날그날 빵을 만듭니다. 하지만 저희 누룩 빵은 만드는 데 이틀이 걸려요. 전날 반죽해 저온 상태에서 발효시키고 그다음 날 빵을 만들기 때문이죠."

반죽 과정에서 첨가한 누룩 원종이 반죽을 천천히 발효시키기 때문에 빵을 완성하기까지 오랜 시간이 걸린다. 게다가 이스트를 쓰면 반죽이 쉽게 부풀어오르고 일정한 결과를 얻을 수 있지만 천연발효 과정은 날씨나 작업 환경, 제빵사의 컨디션 등에 영향을 받는다. 때문에 유성 씨는 반죽할 때 모든 신경을 쏟아 최대한 집중한다.

"가끔 발효 과정에서 반죽이 제대로 부풀지 않는 경우가 있어요. 그러면 그날은 아예 빵을 못 만들어요. 당일 반죽을 다시 치댄다고 해도 발효 과정이 필요해 그다음 날로 넘어가거든요. 그래서 매장 문을 열고 전날 만든 반죽의 발효 상태를 확인할 때마다 긴장이 돼요."

귀농, 로망과 현실 사이

　유성 씨는 대학 시절부터 귀농을 꿈꿨다. 미경 씨와 결혼하고 2004년 귀농을 실행에 옮겼다. 귀농한 뒤 유성 씨가 처음 시작한 일은 양계장에서 닭을 길러 달걀을 판매하는 것이었다.

　"닭은 매일매일 알을 낳잖아요. 그래서 판로만 잘 개척하면 매일 현금이 들어오겠구나 싶어 양계 사업을 시작한 거죠."

　부푼 꿈을 안고 시작한 첫 사업은 그의 바람처럼 되지 않았다. 어느 여름날, 한반도 전역을 강타한 태풍 볼라벤이 유성 씨의 양계장을 쑥대밭으로 만든 것이다.

　"생활터전이었던 양계장을 잃고 나니 제대로 살 수가 없었어요. 모아놓은 현금은 거의 없고 은행에서 빌린 빚은 많았으니까요. 생활이 마비되다시피 했죠."

　설상가상으로 유성 씨는 허리를 크게 다쳤다. 거동을 전혀 못하는 유성 씨를 대신해 미경 씨가 태풍에서 용케 살아남은 닭들을 돌봤다. 힘든 시기였지만 어찌됐든 가족의 생계는 꾸려야 했다. 유성 씨는 닭을 기를 때 유정란으로 빵을 만들면 어떨까 하고 생각한 적이 있었다고 한다. 그는 이때의 기억을 되살려 잠시 귀농생활을 접고 직장에 다니면서 저녁에는 제빵 일을 배우기 시작했다. 그리고 무작정 동네 빵집을 찾아가 무보수로 일을 도우며 현장 경

이스트 대신 누룩 원종을 넣어 천연발효시킨 빵을 만들기 위해 실패를 거듭하면서도 끝까지 포기하지 않았던 유성 씨.

험도 쌓았다.

직장생활과 제빵 일을 병행하던 어느 날, 평소 친분이 있던 이장님으로부터 야사마을에 와서 빵집을 하면 어떻겠냐는 제안을 받았다. 그간의 노력이 빛을 발할 것이라 믿고 그는 야심차게 빵집을 열었다. 당시 유성 씨는 대기업 프랜차이즈 빵집과 차별화하기 위해 천연발효종 빵 개발에 몰두하고 있었다. 하지만 그가 꿈꾸던 좋은 빵은 생각처럼 쉽게 만들어지지 않았다. 그러던 차에 우연히 동네 사람들과 막걸리를 마시다가 막걸리를 발효시키는 누룩에 주목하게 됐다.

"누룩 속에 들어 있는 효모로 막걸리를 만들잖아요. 그러면 그 누룩으로 빵도 만들 수 있지 않을까 생각한 거죠."

유성 씨는 그때부터 누룩빵에 매달렸다. 빵이 만들어지면 주변 어르신들께 시식 평을 부탁했다. 하지만 반응은 차가웠다. 모두가 맛을 보고는 고개를 저었다. 그때만 해도 유성 씨의 누룩빵은 발효가 제대로 되지 않아 빵이 부풀지 않았다. 이런 빵이 맛이 있을 리 없었다.

수없이 실패하면서도 유성 씨는 누룩으로 만드는 천연발효종 빵을 포기하지 않았다. 그러기를 1년. 그는 마침내 누룩으로 제대로 발효시킨 빵을 완성했다.

빵집 하나가 마을을 살리다

유성 씨는 빵집 한 모퉁이에 있는 창고를 '보물창고'라고 부른다. 여기에는 이 지역 주민들이 정성 들여 재배한 농산물이 가득 들어 있다. 유성 씨는 이 농산물을 이용해 빵을 만든다. 이처럼 해당 지역에서 생산한 농산물을 그곳에서 소비하자는 목적으로 이뤄지는 일련의 활동을 '로컬 푸드(Local Food) 운동'이라 한다. 장거리 운송을 거치지 않은 지역 농산물인 로컬 푸드를 이용함으로써 소비자는 신선도가 높은 음식을 먹을 수 있고, 운반 과정에서의 환경오염도 막을 수 있으며, 지역 생산자의 이익도 높일 수 있다. 유성 씨의 시골 빵집은 소박하지만 진정한 로컬 푸드 운동을 실천하고 있는 셈이다.

"이곳 어르신들이 재배하신 농산물은 양이 적어 어디 가져다 팔 수도 없거든요. 저희는 한 되든 한 가마든 양에 상관없이 다 사들입니다. 적은 양이지만 할머니들은 용돈을 벌 수 있고 저희는 안정적으로 건강한 식재료를 공급받을 수 있으니 서로가 좋은 거죠. 국내산 팥은 다른 곳에서 구하기도 힘들거든요."

결국 유성 씨의 빵은 마을 사람 모두가 함께 만드는 것이다. 단팥빵에는 주산댁 할머니의 팥이, 곰보빵에는 안정댁 할머니의 뽕잎가루가, 그리고 머핀에는 이장님댁의 뽕잎가루가 듬뿍 들어 있다. 작은 한 덩어리 빵에 온 마을 사람들의 정성이 오롯이 담겨 있는 것이다.

유성 씨가 야사마을에 들어온 지 3년이 지났다. 이제는 시골빵집도 마을에 잘 정착했고 유성 씨 부부도 주민들과 정을 나누며 지내고 있다. 귀농 사업자가 해당 마을의 지역사회와 융화되지 못하면 사업도 어려움을 겪을 공산이 크다. 사업은 혼자만의 힘으로 잘할 수 있는 게 아니기 때문에 지역사회와 함께한다는 자세가 필요하다. 그리고 궁극적으로는 해당 지역의 고유한 특성을 사업의 독특한 경쟁력으로 만들 수 있어야 한다. 야사마을 주민들이 직접 생산한 팥과 뽕잎가루를 이용해 빵을 만드는 유성 씨의 시골빵은 그래서 더 가치가 있다.

유성 씨의 빵집에는 이웃 할머니들이 자주 찾아온다. 한 할머니는 "김치도 담그면 갖다 줘요. 여기 사장님이 바쁜 걸 아니까. 꼭 아들 내외 같아요"라며 직접 재배한 농산물을 놓고 간다.

유성 씨도 지역 어르신들 모두 어머니, 아버지 같은 분들이라고 말한다.

"이곳 어르신들은 제가 조금만 도움을 드려도 꼭 갚으려고 하세요. 지나가는 길에 차를 잠시만 태워드려도 고맙다고 뭘 가져다주시곤 하니까요."

특히 유성 씨와 마을 이장님과의 관계는 특별하다. 유성 씨는 힘든 시기에 자신을 마을로 이끌어준 이장님을 '아버지'처럼 생각한다.

"이장님은 저를 살린 은인이나 다름없어요. 그래서 마음속으로 아버지라 생각하고 있고 앞으로도 그렇게 대하며 살 거예요."

함께 사는 것이 잘사는 것

유성 씨 빵집 앞에는 '할머니 시골장터'라고 쓰인 특별한 공간이 있다. 그는 이곳에서 지역 어르신들이 손수 기른 농산물을 진열해놓고 판매한다. 빵집을 방문하는 손님들에게도 인기 있는 공간이다. 하지만 할머니 시골장터가 처음부터 잘 운영된 것은 아니다.

"처음에 어르신들께 '농산물을 저희 빵집으로 가져오시면 여기서 팔아보겠습니다'라고 말씀드렸는데 아무도 안 가져오시는 거예요. 그래서 농협의 농산물을 가져와 팔았어요. 생각지도 않게 이곳에서 농산물이 팔리니까 어떤 분은 팥을, 또 어떤 분은 율무를 가져다주시면서 팔아달라고 하신 거죠. 그런데 그게 또 잘 팔리니 금방 소문이 나서 지금은 어르신들이 가져다주신 지역 농산물만 팔고 있어요."

그의 말처럼 시골장터에는 고사리, 율무, 벚꽃꿀, 아카시아꿀 등 야사마을에서 생산한 지역 농산물이 다양하게 판매되고 있다.

신뢰란 한 번에 쌓이지 않는다. '할머니 시골장터'도 유성 씨가 판매 실적을 보여주면서 신뢰를 쌓아가자 어르신들이 그다음부터 믿고 상품을 맡기게 된 것이다.

현재 유성 씨의 빵집은 유성 씨 부부와 친동생, 이렇게 세 명이 운영하고 있다. 손님이 많은 주말과 휴일은 특히 바빠 빵집 일만 하기도 벅차다. 사정이 이렇다 보니 할머니 시골장터 운영은 마을 학생들이 아르바이트로 돕고 있다.

"주말에 학생들이 와서 농산물을 대신 팔아주고 있어요. 학생들에게는 매출의 10%를 주죠. 용돈도 벌면서 돈의 가치도 배우는 생생한 경제 수업의 현장이라고 생각해요."

실제로 이곳에서 학생들이 지역 어르신들의 농산물을 판매하면 손님들의 반응도 좋다. 학생들도 "여기서 일하면서 부모님이 얼마나 고생하시는지 알게 됐다"고 말한다. 유성 씨의 빵집 덕에 모두가 함께 잘살 수 있는 기회를 얻고 있는 것이다.

"어르신들이 이렇게 좋은 재료를 주시지 않았더라면 제가 어떻게 지금처럼 맛있고 건강한 빵을 구울 수 있겠어요. 내가 잘살려면 내 이웃도 잘살아야 되는 것 같아요. 그분들이 같이 잘살아야 제 빵집도 유지되는 거죠."

유성 씨 부부는 마을로 자신을 이끌어주고, 정성껏 기른 농산물을 아낌없이 내주신 어르신들의 고마움을 알기에 오늘도 정성을 다해 빵을 굽고 있다.

시골빵집 갑부 조유성 씨의
5가지 성공 포인트

지역의 스타 매장이 탄생하기 위해서는 각 요소가 함께 어우러져야 한다

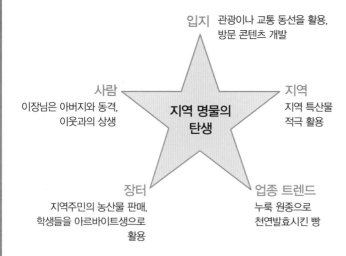

입지　관광이나 교통 동선을 활용,
방문 콘텐츠 개발

사람
이장님은 아버지와 동격,
이웃과의 상생

지역
지역 특산물
적극 활용

지역 명물의
탄생

장터
지역주민의 농산물 판매,
학생들을 아르바이트생으로
활용

업종 트렌드
누룩 원종으로
천연발효시킨 빵

이것만은 꼭! 한 줄 성공 비법

● 지역 특산물을 활용해 그곳만의 색깔과 정성을 담는다.
● 최신 업종 트렌드를 지역 특색에 접목해야 효과적으로 어필할 수 있다.
● 내 이웃이 잘살도록 돕는 것은 숭고한 철학이 아닌 나를 위한 생존 전략이다.

상호 • 누룩꽃이 핀다
대표자 • 조유성
주소 • 전라남도 화순군 이서면 야사길 76
영업시간 • 오전 11시~오후 6시
정기휴일 • 매주 월요일
점포 면적 • 약 15평

누룩꽃이 핀다 연 매출
(제작진 추산)

주말 매출 155만500원
평균 월 매출 1280만 원

약 1억5000만 원

이장남댁 할머니 퐁잎 가루

골리앗 이긴
동네 분식점

꽃분이의 식탁 곽정호 · 김성연 부부

세 곳 중 한 곳만 살아남는다는
음식점 창업.
뛰어난 손맛과 정성 그리고 혁신으로
대형 프랜차이즈점을 뛰어넘은
동네 분식점의 성공 창업기.

다섯 번의 사업 실패

분식점은 다른 분야에 비해 창업비용이 적게 들고 접근성이 뛰어나 예비 창업자에게 꾸준히 인기를 얻고 있는 아이템이다. 하지만 그만큼 경쟁도 치열하고 박리다매 형태라 일이 고되다.

과거에는 개인이 직접 분식점을 차리는 경우가 많았으나 2000년대 들어 분식 업종에도 프랜차이즈가 급격하게 늘어났다. 프랜차이즈는 본사의 체계적인 지원과 매뉴얼화된 조리법 등을 제공받을 수 있어 초보 창업자들이 선호한다. 하지만 유행이 계속 변하고 새로운 프랜차이즈가 우후죽순처럼 생겨나다 보니 프랜차이즈 간 부침도 심한 것이 현실. 이렇다 보니 개인이 직접 운영하는 이름 없는 분식점은 그 틈바구니에서 살아남기가 쉽지 않다.

그런데 이런 핸디캡을 극복하고 일반 프랜차이즈 매장보다 매출이 3배 이상 높은 동네 분식점이 있다. 바로 대구 동구청 옆 대로변에 위치한 '꽃분이의 식탁'이 골리앗을 이긴 다윗이다.

곽정호(50) · 김성연(47) 씨 부부가 운영하는 '꽃분이의 식탁'은 외관과 분위기가 여느 분식점과 크게 다르지 않지만 이곳의 하루 매출은 200만 원, 월 매출은 6000만 원에 달한다. '꽃분이의 식탁'에서 판매하는 김밥 한 줄 가격이 1500원인 점을 감안하면 한 달에 4만여 줄을 팔아야 올릴 수 있는 금액이다.

지금은 프랜차이즈 분식점을 뛰어넘는 매출을 기록하고 있지만 이 부부의 가게가 처음부터 잘됐던 것은 아니다. 정호 씨는 2004년, 30대 중반의 나이에 다섯 번의 사업 실패를 겪었다. 이로 인해 그의 호주머니에는 아이들에게 통닭 한 마리 사줄 돈도 없었다.

"비참함을 넘어섰죠. 가장으로서 할 수 있는 일이 아무것도 없다 보니 차마 죽지 못해 하루하루를 버티는 심정이었어요."

정호 씨가 일자리를 잡지 못해 힘든 시기를 보낼 때 성연 씨는 가족의 생계를 위해 분식점에서 아르바이트를 했다. 그러던 중 우연히 프랜차이즈 분식점에 관한 이야기를 듣게 된다. '본사 규정대로만 하면 누구나 안정적으로 돈을 벌 수 있다'는 프랜차이즈 본사 측의 말은 벼랑 끝 젊은 부부에게 희망으로 다가왔다. 정호 씨 부부는 프랜차이즈 분식점 창업을 결심했다.

월 매출 ○○○만 원 보장에 일주일만 교육받으면 못 할 게 없다는 본사 측의 말에 부부는 빚을 내 가맹비와 교육비, 시설비 등 거액의 초기 자본금을 해결했다.

"그 당시 저희 부부에게 프랜차이즈는 상당히 매력적으로 느껴졌어요. 왜냐하면 처음으로 음식 장사를 하려다 보니 마케팅이라든지, 표준화된 레시피 같은 걸 전혀 몰랐기 때문이죠. 프랜차이즈는 이런 부담감을 상당 부분 해소해줄 거라 기대했죠."

어렵게 창업했지만 생각만큼 이익이 남지 않았다. 생각지도 못한 부분에서 비용이 많이 발생한 것. 특히 본사 규정에 따라 메뉴를 마음대로 뺄 수 없다 보니 잘나가는 메뉴에서 얻은 수익은 팔리지 않는 음식 재료비로 고스란히 나갔다. 이렇게 본사에 내는 재료비 등 비용을 제하고 나면 부부의 손에 남는 건 거의 없었다. 결국 재료비로 나가는 돈 때문에 부부의 인건비는커녕 가게 임대료도 내지 못할 상황이 되자, 부부는 프랜차이즈를 과감히 접고 개인 매장으로 재창업을 결심했다. 성연 씨는 새로운 도전에 대해 이렇게 설명한다.

"프랜차이즈 대신 개인 매장을 하면 저희가 생각하는 대로 장사할 수 있겠다 싶었어요. 고객이 찾지 않는 메뉴는 빼고 더 좋아할 만한 메뉴를 추가한다든지, 시중에서 파는 것이 아니라 저희가 개발한 소스를 선보인다든지 이런 것들을 자유롭게 할 수 있잖아요."

오랜 고민 끝에 개인 분식점을 차리기로 한 부부는 가장 먼저 요리 전문가를 찾아갔다. 전문가에게 큰 투자를 해 요리를 배우고 새로운 메뉴를 개발하기 위해 밤낮없는 노력을 했다.

프랜차이즈 분식점의 실패에서 배운 것

정호 씨 부부가 분식점으로 연 매출 7억 이상을 벌게 된 배경에는 몇 년간 프랜차이즈 매장을 운영한 경험을 빼놓고 이야기할 수 없다. 이때의 경험을 바탕으로 프랜차이즈 간판을 떼고 나서 정호 씨 부부는 '경영혁신'이라고 부를 만한 수준의 변화를 꾀했다.

프랜차이즈점 운영 당시에는 식재료의 대부분을 본사에서 납품 받아 사용했다. 하지만 개인 매장으로 바꾸고 나서는 모든 식재료를 직접 구매하고 손질한다.

북어대가리, 건새우, 멸치, 대파, 다시마, 양파, 고추씨 등을 넣어 끓이는 특제 육수도 정호 씨 부부가 개발한 것이다. 라면을 제외한 모든 메뉴에 기본으로 들어가는 이 육수를 만들기 위해 부부는 6개월간 공을 들였다. 지금도 고집스럽게 하루 사용할 육수를 매일매일 정성껏 준비한다. 육수 외에 소스도 차별화했다. 볶음밥 등에 사용하는 굴소스도 시판 제품을 그대로 사용하는 것이 아니라 정호

햄 대신 팬케이크처럼 두툼한 달걀지단을 넣어 만든 김밥. 성연 씨는 모든 식재료를 직접 준비하기 위해 새벽 5시에 출근한다.

씨가 새롭게 만든 것이다.

이곳의 기본 김밥에는 햄이 들어가지 않는다. 가공육에 대한 좋지 않은 이야기가 나오면서 뺐는데 의외로 손님들의 반응도 나쁘지 않아 지금까지 고수하고 있는 것이다. 햄 대신 팬케이크처럼 두툼한 달걀지단이 그 자리를 차지하고 있다.

이처럼 모든 식재료를 직접 준비하려면 부지런해지는 수밖에 없다. 성연 씨는 새벽 5시에 출근해 하루 동안 쓸 재료를 준비한다. 그녀는 이 시간을 '하루 중 가장 중요한 시간'이라고 표현한다.

정호 씨 부부는 개인 매장의 이점을 살려 메뉴 구성에도 수시로 변화를 준다. 계절에 맞춰 굴국밥 같은 따끈한 메뉴를 추가하기도 하고 주문이 별로 없는 메뉴는 과감하게 빼기도 한다.

"메뉴가 인기가 없으면 미리 사둔 재료가 재고로 쌓이잖아요. 또 식재료를 오랫동안 보관하면 신선도가 떨어지니까 수시로 점검해 손님들이 별로 찾지 않는 음식은 메뉴판에서 과감하게 없앱니다."

부부의 매장에는 다른 곳에서는 보기 힘든 독특한 이름의 김밥이 있다. 매운 것을 좋아하는 지역주민들의 식성을 고려해 고추를 넣어 만든 '참땡' '소땡' '치땡'이 그것이다. 참땡은 참치와 땡초(아주 매운 고추를 뜻하는 경상도 방언)를, 소땡은 쇠고기와 땡초를, 치땡은 치즈와 땡초를 넣은 김밥이다.

정호 씨 부부는 이처럼 끊임없이 메뉴에 변화를 줌으로써 쓸데없는 식재료비의 지출은 막고 재료의 신선함은 높일 수 있었다.

또한 고객의 입장에서는 늘 새롭고 다양한 음식을 맛볼 수 있다는 장점이 있다.

정장 차림으로 고객 찾아 나서다

정호 씨 부부가 분식점을 창업한 지는 10년이 넘었지만 매출이 크게 늘어난 것은 프랜차이즈점을 포기하고 개인 매장으로 바꾼 5년 전부터다. 식재료와 메뉴 구성 외 홍보에도 큰 변화를 준 덕분이다. 본사에서 마케팅을 책임지는 프랜차이즈 매장이 아니다 보니 부부가 보다 적극적으로 고객에게 다가가는 홍보가 필수적이었다.

이를 위해 정호 씨는 시식용 김밥을 들고 온 동네를 돌기 시작했다. 고객을 직접 찾아가는 방문 영업을 시도한 것이다. 이때 정호 씨는 평상복이 아닌 정장 차림으로 다녔다. 그는 오토바이로 배달을 다닐 때도 와이셔츠에 넥타이를 맨 차림으로 다른 매장과의 차별성을 강조하고 신뢰감을 주려 했다. 그는 개인 고객뿐 아니라 기업체 고객도 찾아 나섰다. 단체 주문이 들어올 수 있는 곳에 주목한 것이다. 현재 정호 씨의 단골 고객 중에는 유치원과 어린이집은 물론 관공서 같은 곳도 있다. 성연 씨는 단체 고객을 유치한 비결을 이렇게 설명한다.

"남편이 대구에 있는 어린이집, 유치원 등 단체 고객이 될 만한 곳의 목록을 뽑아 일일이 편지를 보냈어요. 편지에는 인사말과 함께 어떤 식재료를 사용해 어떤 김밥을 만들고 또 어떻게 제공한다는 내용을 상세하게 적었어요. 그랬더니 신기하게도 몇 군데서 연락이 오더라고요. 그렇게 연결된 고객이 또 다른 곳을 소개해주면서 단체 주문을 하는 거래처가 점점 늘어나게 된 거죠."

작은 분식점이라 할지라도 고객을 앉아서 기다리기만 하는 시대는 지났다. 정호 씨 부부가 그랬던 것처럼 잠재 고객을 발굴하기 위해 제안서를 쓰고 적극적으로 발로 뛰며 영업해야 생존율을 높일 수 있다.

대장균 파동이 가져온 위기

자영업자는 고객의 말과 행동을 관찰하는 것만으로도 새로운 사업 아이디어를 얻을 수 있다. 정호 씨 부부도 마찬가지였다. 개인 매장으로 바꾸고 나서 부족한 매출을 보완해준 아이템은 다름 아닌 '수제도시락'이었다. 이 수제도시락의 아이디어는 한 고객의 말에서 비롯됐다.

어느 날 아침 일찍 젊은 주부가 정호 씨 가게를 찾아왔다. 아이가 소풍 가는 날이라 김밥을 사러 왔다는 그녀는 정호 씨 부부에게 한 가지 부탁을 했다. 그것은 바로 "엄마가 직접 만든 김밥처럼 재료를 듬뿍 넣어달라"는 것이었다. 그리고 김밥이 완성되자 자신이 준비해온 도시락에 담았다. 이 모습을 본 부부는 '수제도시락'이라는 새로운 아이디어를 떠올렸다.

"맞벌이 부부는 아이 도시락을 쌀 수 있는 시간적 여유가 없잖아요. 그러다 보니 가게에서 김밥을 포장해가는 경우가 많죠. 하지만 아이 입장에서는 다른 친구들은 집에서 김밥을 가져왔는데 자기만 가게에서 파는 김밥을 꺼내놓으면 마음의 상처가 될 수도 있으니까 이왕이면 엄마가 직접 만든 것처럼 도시락을 포장해주면 반응이 좋겠다고 생각한 거죠."

부부의 판단은 적중했다. 이날 이후 고객의 주문에 따라 특별 제작된 수제도시락은 프랜차이즈 분식점을 이기는 데 결정적인 역할을 했다.

하지만 잘나가던 수제도시락 사업이 위기를 맞은 적이 있다. 몇 년 전 일부 프랜차이즈 분식점 도시락에서 대장균이 검출된 것이다. 이로 인해 정호 씨 분식점도 타격을 받았다. 단체 주문이 줄줄이 취소되면서 수제도시락 매출이 큰 폭으로 감소했다. 정호 씨 부부는 당황했지만 마냥 손을 놓고 있을 수만은 없었다.

정호 씨는 위기를 정면 돌파하기로 했다. 그는 매장 음식을 포장해 자발적으로 관계기관의 검사를 받으러 나섰다. 성연 씨는 당시를 이렇게 회상한다.

"남편이 가게 음식을 들고 관계기관을 찾아갔더니 그곳에서 이런 경우는 처음이라고 했대요. 대부분 구청에서 위생검사를 나왔을 때 점검받는 게 전부였을 테니까요. 물론 그 일이 있기 전까지는 저희도 그랬고요."

정호 씨는 그렇게 받은 검사 결과서를 수제도시락 포장박스에 붙여 배달했다. 지금도 부부는 한 달에 한 번씩 위생검사를 받는다.

"특히 김밥은 상하기 쉬운 음식이라서 식중독 위험이 높잖아요. 하지만 저희 가게 음식은 안심하고 드실 수 있으니 손님들이 당연히 좋아하시죠."

누군가에게 위기는 좌절로 이어지는 통로가 되기도 한다. 하지만 정호 씨 부부에게 위기는 새로운 기회를 가져다 준 통로가 됐다.

직접 농사지은 재료로 요리

시골에 사는 것도 아닌데 정호 씨는 농번기가 되면 누구보다 바빠진다. 직접 농사를 짓고 있어서다. 정호 씨가 농사에 관심을 갖게 된 계기는 '밥맛' 때문이다.

그는 매장에서 김밥 100줄 분량의 밥을 하루 여덟 번 짓는다. 밥맛이 좋으려면 당연히 좋은 쌀을 써야 한다. 이 때문에 정호 씨는 쌀농사에 관심을 갖고 결국 직접 농사까지 짓게 됐다. 그의 매장 한쪽에는 '2015년부터 직접 생산 도정한 쌀을 사용합니다'라고 크게 적혀 있다. 품질 좋은 쌀을 사용하고 있다는 것을 손님들에게 알려 신뢰를 얻기 위해서다.

정호 씨는 틈이 날 때마다 대구에서 차로 한 시간 반 거리에 있는 문경으로 간다. 그곳에 그가 농사짓는 800평 규모의 밭이 있다. 정호 씨는 여기서 연근, 콩, 고추, 감자, 고구마 등 여러 작물을 재배하고 있다. 수확철이 되면 그는 문경에서 직접 캔 농산물을 가게로 가져온다. 이 농산물로 반찬을 만들고 연근 같은 채소는 말렸다가 차로 우려낸다.

높은 수준의 요리를 선보이는 식당을 '파인다이닝(Fine-dining)'이라 한다. 파인다이닝 중에는 질 좋은 식재료를 쓰기 위해 셰프들이 직접 농사짓는 과정에 참여하는 경우도 있다. 좋은 음식은 좋은 식재료에서 비롯된다는 걸 누구보다 잘 알기 때문이다. 하지만 정호 씨네 가게처럼 작은 분식점에서 좋은 식재료를 얻기 위해 손이 많이 가는 농사일에 일일이 관여하기란 말처럼 쉽지 않다. 그만큼 정호 씨는 음식의 질을 높이고 고객의 신뢰를 얻기 위해 최선을 다하고 있다는 방증이다.

"프랜차이즈 분식점을 할 때는 손님들이 저희 가게에서 '그냥 한 끼를 때웠다'는 정도이지, '요리를 먹었다'는 만족감은 없었다고 생각해요. 그런데 개인 매장으로 바꾸고 나서는 이런 일련의 노력을 통해 손님들에게 요리를 대접하고 그분들도 저희의 이런 정성을 알아주시는 것 같아 일에 대한 보람이 훨씬 커졌어요."

단순히 허기를 채워주는 음식을 제공하는 것이 아니라 '요리' 수준의 만족감을 고객에게 선사하는 것. 성연 씨의 이 말에 동네 분식점이 프랜차이즈 매장을 이길 수 있었던 핵심 비결이 녹아 있다.

"프랜차이즈점이 아니기 때문에 가게를 운영하는 사람이 직접 소비자들의 까다로운 요구와 다양한 입맛에 맞출 수 있는 방법을 찾아야 합니다. 변화를 주지 않으면 이제는 성공하기 어렵다고 생각해요. 저희가 프랜차이즈점을 운영할 때보다 높은 매출을 올릴

수 있었던 비결 중 하나는 시행착오를 겪더라도 계속 변화를 시도
했다는 점이 아닐까요?"

여러 번의 사업 실패로 빚더미에 올랐던 젊은 부부. 하지만 좌절
하지 않고 끊임없이 노력한 덕분에 이제는 당당하게 '성공 비결'을
말해줄 수 있는 서민갑부가 된 것이다.

분식 갑부 곽정호 씨의
경영혁신

식재료 업그레이드
특제 육수 개발,
소스 개선

정기적 메뉴 관리
계절별 메뉴 개편,
재고 부담 줄이고
신선도 높이기

방문 영업
시식용 김밥 전달,
넥타이 · 와이셔츠
차림으로 배달

**프랜차이즈
간판을 떼고
경영혁신
실행**

메뉴 다양성
'참땡' '소땡' '치땡' 등
손님들의 입맛 반영한
다양한 김밥 메뉴

B2B 영업
단체 고객 유치,
잠재 고객에게 편지

수제도시락
고객의 말과 행동을 관찰해
수제도시락 사업 개시

농사짓기
쌀, 연근, 콩, 고추, 감자 등
농사를 직접 지어
고객 만족감과 신뢰감 높이기

이것만은 꼭! 한 줄 성공 비법

● 확실한 홍보는 먼저 다가가는 것이다. 필요하다면 제안서도 써라.

● 고객의 말과 행동을 관찰하는 것이 마케팅의 시작이고 사업 아이디어
를 얻을 수 있는 최고의 방법이다.

● 위기상황을 적극적으로 돌파하는 과정에서 새로운 기회를 얻을 수 있다.

상호 • 꽃분이의 식탁

대표자 • 곽정호

주소 • 대구시 동구 아양로 195

영업시간 • 오전 6시~오후 10시

정기휴일 • 추석 당일과 그다음 날,

　　　　　 설날 당일과 그다음 날

점포 면적 • 약 20평

꽃분이의 식탁 연 매출
(제작진 추산)

하루 매출 약 200만 원

월 매출 약 6000만 원

약 7억2000만 원

서민갑부
PART 2

줄서서 먹는 대박 맛집

남포동찹쌀씨앗호떡 외할머니뻥튀기 고석원 •

송일형 수제어묵 명인 송일형 •

신길동 별난 아찌 짬뽕 임주성 •

광릉불고기 주덕현, 잇다제과 주한주 •

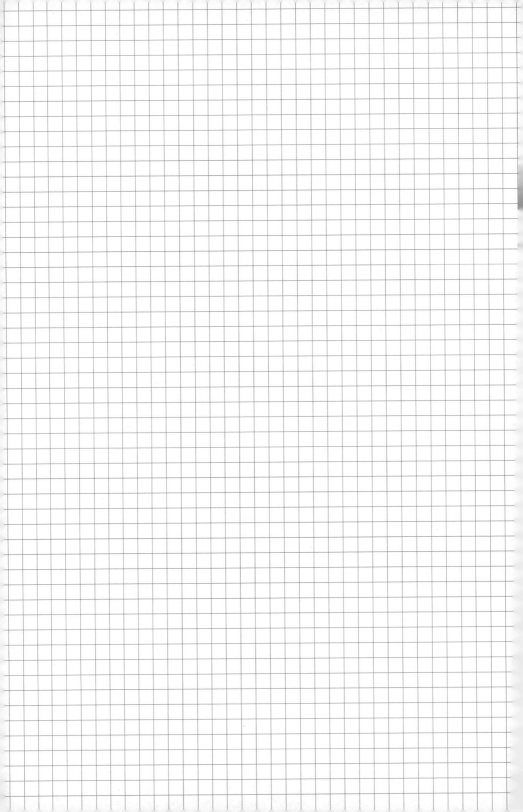

호떡으로
'장사의 신' 되다

남포동찹쌀씨앗호떡 외할머니뻥튀기 고석원

사업 실패로 한순간에
나락으로 떨어진 남자.
밑바닥부터 다시 시작해
8년 만에 서민갑부로 재기에 성공한
그만의 비결 공개.

창업 8년 만에 40억 갑부 되다

한 개에 1200원짜리 호떡을 팔아 40억 원이라는 어마어마한 재산을 모은 부부가 있다. 그것도 불과 8년 만에 이룬 성과라니, 듣고도 쉽게 믿기지 않는다. 연간으로 따지면 1년에 5억 원씩 모은 셈이다. 웬만한 대기업 임원도 이렇게 벌기는 쉽지 않다. 과연 어떻게 이것이 가능했을까. 그 비결을 듣기 위해 강원도 속초시 속초종합중앙시장의 조그만 매장에서 호떡을 굽는 고석원(44)·최정림(44) 씨 부부를 찾았다.

석원 씨는 흔히 말하는 '금수저'였다. 어린 시절 건설회사를 운영하는 아버지 덕분에 그는 남들보다 풍족한 생활을 누릴 수 있었다. 그러나 IMF로 아버지 회사의 재정 상태가 악화되면서 아버지는 사채 빚에 손을 대게 됐다. 사채 빚을 갚으라는 독촉이 심해지자 석원 씨는 결국 30대 초반의 나이에 처음으로 스스로 돈을 벌어야 하는 상황에 처하게 됐다.

그동안 아버지 회사에서 경영 수업만 받았던 그가 처음으로 택한 일은 지난 삶에서 크게 벗어나 있지 않았다. 카페, 편의점, 식당 등 한꺼번에 여러 개의 가게를 차려 '오너' 자리만을 지키려고 했던 것이다. 그에게 장밋빛 미래를 가져다 줄 것으로 기대했던 사업은 오래지 않아 파탄이 났다.

"사업을 정리하고 나니 남은 건 2억 원에 달하는 빚뿐이었어요."

당시 석원 씨는 결혼해 아이도 있는 상태였다. 그는 "그때가 정말 앞이 보이지 않았던 절망적인 시기였다"고 고백한다.

돈을 벌어야 했던 석원 씨는 취직했지만 직장생활에 쉽게 적응하지 못했다. 결국 다니던 회사를 그만두고 또다시 직장을 얻었지만 그곳에서도 두 달을 채 버티지 못했다. 정림 씨는 신용카드 돌려막기로 간신히 살림을 꾸리고 있었는데 결국 그것도 한계에 부딪히고 말았다.

어느 날 석원 씨 부부는 크게 다퉜고, 화가 난 정림 씨는 남편에게 "당신은 사회 부적응자야!"라고 소리 지르고 말았다. 정림 씨는 힘들어도 버티고 참아야 할 마당에 회사를 금세 그만두는 남편이 도저히 이해되지 않았다. '사회 부적응자'라는 아내의 말은 석원 씨에게 큰 충격을 줬다. 부잣집 도련님으로 자라 가게를 세 군데나 열 정도로 승승장구했지만 이제는 큰 부채를 떠안고 가족 생계를 책임

저야 하는 가장임을 절실히 깨닫게 된 순간이었다. 그러면서 화려한 과거는 잊고 적은 자본금으로 시작할 수 있는 길거리 음식인 호떡에 눈을 돌렸다.

식어도 맛있는 호떡 맛의 비밀

석원 씨 부부의 가게는 속초종합중앙시장의 가장자리 길가에 자리 잡고 있다. 매장 앞은 사람들의 줄이 길게는 10m까지 이어진다. 그러다 보니 호떡 하나를 맛보기 위해 20~30분씩 기다리는 것은 보통이다. 이 조그만 매장에서 평일에는 60만 원, 주말에는 260만 원의 매출을 올린다. 주말 하루에만 호떡을 2000개 이상 판매하는 셈이다. 그의 호떡이 이처럼 사람들을 사로잡는 비결은 과연 무엇일까.

석원 씨의 호떡은 콩기름에 굽는 것이 아니라 마가린을 녹인 기름에 튀겨내는 방식으로 만든다.

석원 씨가 판매하는 건 일명 '씨앗호떡'이다. 여러 종류의 씨앗이 속 재료로 들어가 있어 일반 호떡에 비해 고소하고 씹는 맛이 느껴지는 것이 특징이다.

이 씨앗호떡은 1980년대 부산 남포동 먹자골목에서 탄생했다. 부산에선 알 만한 사람은 다 아는 대표 길거리 간식으로 인기가 있었는데, 몇 년 전 KBS 예능프로그램 '해피선데이-1박2일'에서 이승기가 먹은 뒤 전국적으로 유명세를 탔다.

석원 씨는 이 씨앗호떡에 주목했다. 부산에서 인기가 검증된 호떡을 자신만의 차별화된 방식으로 만들어 판다면 승산이 있을 것이라 생각했다.

호떡 맛은 크게 반죽, 속 재료, 굽는 방식 이 세 가지에 의해 좌우된다. 석원 씨의 호떡은 콩기름에 굽는 것이 아니라 마가린을 녹인 기름에 튀겨내는 방식으로 만든다. 속 재료도 한 번에 넣지 않고 두 번에 걸쳐 넣는다. 일반 호떡은 반죽에 설탕 등을 넣고 구우면 끝이다. 반면 씨앗호떡은 1차 속 재료인 설탕을 넣고 튀기듯 구운 뒤 호떡 안을 갈라 2차 속 재료인 해바라기씨, 호박씨, 땅콩 등을 넣는다.

그런데 이 속 재료에 그만의 비밀이 숨겨져 있다. 석원 씨는 1차 속 재료로 들어가는 설탕의 단맛을 조절하기 위해 흑설탕과 황설탕을 적당한 비율로 혼합해 사용한다. 그리고 밀가루를 첨가한다. 이렇게 하면 지나치게 달지 않고 먹을 때 뜨거운 설탕이 밖으로 흘러

내리는 것도 방지할 수 있다. 또 설탕이 한곳에 뭉치지 않고 골고루 퍼져 어느 부분을 베어 물더라도 동일한 맛이 난다.

해바라기씨, 호박씨, 땅콩, 건포도, 계핏가루, 설탕 등 10여 가지가 들어가는 2차 속 재료는 손님에게 건네기 직전에 수저로 넣어준다. 때문에 고객이 먹을 때는 2차 속 재료에 들어 있는 설탕이 녹지 않은 상태다. 이로 인해 마치 떡을 설탕에 찍어 먹는 것과 같은 맛이 난다. 그런데 이 맛을 극대화하려면 호떡 반죽이 쫄깃해야 한다. 그래서 석원 씨는 호떡 반죽에 찹쌀을 첨가했다. 이 찹쌀이 반죽에서 차지하는 비중이 크기 때문에 석원 씨는 강원도 고성의 품질 좋은 찹쌀을 사용한다.

반죽에 찹쌀이 들어 있다 보니 식어도 쫄깃한 맛이 살아 있다. 석원 씨의 호떡이 포장돼 전국으로 배달될 수 있는 이유도 바로 여기에 있다.

석원 씨의 호떡 반죽에는 밀가루와 찹쌀 등 총 아홉 가지 재료가 들어간다. 심지어 한 상자에 15만 원에 달하는 비싼 아몬드가루도 사용한다. 석원 씨는 반죽할 때 각 재료별 비율을 제대로 맞추는 것이 그만의 노하우라고 강조한다. 비록 1200원짜리 호떡이지만 맛을 위해서는 절대 재료를 아끼지 않는다.

"보통 자영업을 하는 사장님들은 장사가 어느 정도 되면 재료비를 낮추고 싶은 유혹에 빠져요. 그럴 때일수록 오히려 더 좋은 재료를 사용해 더 맛있게 만들어야죠. 저는 차라리 가격을 조금 올릴지 언정 재료를 아낌없이 쓰는 게 멀리서 믿고 찾아오시는 손님들에 대한 보답이라고 생각해요."

사람들이 속초에서 줄서면서까지 맛보고 싶은 호떡은 서울보다 300원 더 저렴한 호떡이 아니라 300원 더 비싸도 '맛있는' 호떡임을 그는 누구보다 잘고 있다.

주말에는 석원 씨네 호떡 판매량이 워낙 많다 보니 커다란 통으로 열네 통 정도 되는 반죽을 만들어야 한다. 하지만 그는 한꺼번에 반죽을 만들지 않는다.

"처음에 반죽을 두 통 만들어놓고 한 통 다 쓰면 또다시 한 통을 만드는 식으로 해서, 대략 40분 단위로 한 통씩 만들어 씁니다. 몸은 힘들어도 그렇게 해야만 맛있는 반죽이 나오기 때문이죠."

미리 반죽을 만들어놓으면 산패가 일어나 반죽 맛이 없어진다는 것. 바쁜 와중에도 호떡 맛을 위해 그가 지키는 원칙이다.

모방은 창조의 어머니

비록 시장에서 파는 값싼 호떡이지만 여기에는 호떡 장인 세 명의 비법이 녹아 있다. 8년 전 호떡 장사를 하기로 결심한 뒤 석원 씨는 먼저 부산에서 가장 유명하다는 호떡 달인을 찾아갔다. 그곳에서 값비싼 수업료를 지불하고 기술을 전수받을 수 있는 기회를 얻었다.

"처음에 그분이 일하시는 걸 옆에서 지켜봤는데, 반죽을 일정하게 떼어 판에 올리면 동글동글한 모양이 되는 게 달인이라 불릴 만하셨죠. 그 모습을 보면서 저도 금세 그렇게 할 수 있을 줄 알았습니다."

하지만 달인의 기술은 쉽게 배워지지 않았다. 한 번도 호떡을 만들어보지 않았던 그가 단 사흘 만에 달인의 노하우를 전수받기란 불가능했다. 부족함을 느낀 석원 씨는 두 번째 스승을 찾아갔다. 그는 식품연구소 출신의 음식 연구가로 속 재료에 이것저것을 배합해 다양한 맛을 내는 방법을 알려주었다.

두 명의 스승에게 노하우를 배운 석원 씨는 시장에서 호떡 장사를 시작했다. 처음에는 흔히 말하는 '오픈빨'을 받았다. 하지만 그 기세는 곧 수그러들고 자신이 아직 부족함을 깨닫게 되는 일이 생겼다.

"처음 문 열었을 때 시장 상인들이 많이 팔아주셨어요. 그런데 어느 날 상인 한 분이 저희 매장에 오셔서 '아내가 여기서 호떡을 사 먹었는데, 너무 짜고 느끼해 도저히 못 먹겠다고 하더라'라고 말씀하시는 거예요. 저는 나름 맛에 자신이 있었는데 그런 반응을 전해

들어 충격을 받았죠."

그의 노력에도 손님들의 입맛을 사로잡는 일은 결코 쉽지 않았던 것이다. 그렇다고 이대로 포기할 수는 없는 노릇. 마지막이라는 간절한 마음으로 세 번째 스승을 찾아 나섰다. 허름하지만 2대째 내려오는 오래된 매장의 호떡 장인이었다. 석원 씨는 장인에게 자신이 만든 호떡에 대한 맛 평가를 부탁했다.

석원 씨의 호떡을 맛본 장인은 "아이고 참나, 이게 뭐꼬? 이게 호떡이가? 아, 맛도 없다. 뭐 이런 걸로 장사한다카노?"하고 야단부터 쳤다. 그리고 30년간 호떡을 구워왔다는 장인이 알려준 가르침은 석원 씨를 또 한 번 충격에 빠뜨렸다.

석원 씨는 그때까지 호떡은 흔히 말하는 꿀맛, 즉 속 재료의 설탕 맛에 의해 좌우된다고 생각했다. 하지만 장인은 속 재료가 아닌 반죽의 중요성을 강조했다.

"장인이 만든 호떡을 먹는 순간 호떡 피(皮)의 중요성을 깨달았죠. 그날 이후 빵맛이 나는 피를 만들기 위해 수없이 노력했어요."

그리고 마침내 1년 후 비로소 자신이 먹어도 만족할 만한 수준의 레시피를 완성했다. 속초종합중앙시장의 씨앗호떡은 이렇게 세 명의 스승과 그의 노력이 합쳐져 탄생한 것이다.

땀이 깃든 노력은 배신하지 않는다

8년 전 석원 씨가 장사를 처음 시작했을 때 그의 가게는 속초종합중앙시장에서 가장 인기 있는 통로에 자리 잡고 있었다.

그가 만든 호떡이 맛있다고 소문 나면서 가게 앞은 늘 장사진을 이뤘다. 그런데 그것이 문제였다. 다른 상인들이 민원을 제기한 것이다. 좁은 골목에 사람들이 길게 줄을 서는 바람에 자신들의 영업이 방해받는다는 이유였다. 시장 내 다른 상인들과의 갈등이 커지자 석원 씨는 어쩔 수 없이 가게를 옮길 수밖에 없었다. 그렇게 석원 씨가 새로 자리 잡은 곳은 평소 오가는 사람이 많지 않은 한적한 골목이었다. 호떡 가게가 큰 위기에 처한 것이다. 그렇다고 손을 놓고 있을 수만은 없었다.

"음식 장사에서 제일 중요한 게 맛이잖아요. 제가 만든 호떡을 맛있게 먹은 손님이라면 가게를 옮기더라도 반드시 다시 찾아올 거라는 믿음이 있었어요. 이런 말도 있잖아요. '안 먹어본 사람은 있어도 한 번 먹어본 사람은 없다.' 저는 그게 정말 맞는 얘기라고 생각해요."

그가 만든 호떡을 한 번이라도 먹어본 사람이라면 자신을 외면하지 않을 거라는 믿음이 석원 씨에게는 큰 희망이었다. 그리고 그의 믿음처럼 손님들은 호떡 가게를 다시 찾아주었다.

사람들의 왕래가 크게 늘면서 근처 상인들도 함께 장사가 잘되기 시작했다. 주민을 대상으로 채소를 팔던 한 상인은 오징어순대를 파는 노점으로 업종 전환을 해 수입을 크게 늘릴 수 있었다. 그의 가게를 찾는 손님들 덕에 주변 상권이 살아나면서 석원 씨는 속초 경제를 살리는 상인으로 뽑혀 2014년 경찰서장으로부터 감사장까지 받았다.

유통업에서는 많은 사람을 끌어들이는 데 중심적인 역할을 하는 간판 상점을 '앵커 스토어(Anchor Store)'라고 하는데, 석원 씨의 매장이 바로 앵커 스토어였던 셈이다. 배를 단단하게 정박시키는 닻처럼 석원 씨의 조그만 가게가 전통시장을 든든하게 받치는 구심점이 되고 있는 것이다.

사장이 뛰어야 성공한다

석원 씨의 호떡 가게 바로 옆에는 작은 아이스크림 가게가 있다. 이 아이스크림 가게도 석원 씨 부부가 운영한다. 두 개의 매장이라기보다는 한 개의 매장을 둘로 나눈 것 같은 형태다. 호떡 판매대가 클 필요가 없기 때문에 한쪽 공간에서는 호떡을, 다른 쪽 공간에서는 아이스크림을 판다. 손님들이 뜨거운 호떡을 먹은 뒤 디저트로 차가운 아이스크림을 먹을 수 있도록 한 것이다. 여름이 관광 성수기인 속초에서 아이스크림은 단연 인기 있는 노점 간식이다. 이 아이스크림 가게는 석원 씨의 실험실 역할도 한다.

특히 겨울철에는 아이스크림 매출이 떨어지기 때문에 이곳에서 그는 제2의 속초 씨앗호떡을 만들기 위해 끊임없이 노력한다.

석원 씨가 하루 영업이 끝나고 매출을 정산하면서 꼭 하는 일이 있다. 바로 통장을 정리하는 일이다. 그런데 석원 씨의 통장 정리 방법이 독특하다. 그날 번 현금을 열 개의 통장에 각각 나눠 끼워놓는 것이다.

"대출금, 공과금, 보험료, 정기적금까지 통장마다 용도가 다 달라요. 그래서 통장에 넣어야 하는 돈을 그날그날 맞춰 끼워놓고 있습니다. 이렇게 해야지만 쓸데없이 돈이 안 새어나가고 제가 준비해둔 여러 가지 일을 차질 없이 차근차근 진행할 수 있거든요."

석원 씨의 이런 습관이 지금의 자산을 만들어준 종잣돈이 됐음은 물론이다. 그가 8년 동안 번 돈을 저축만 했다면 지금과 같은 자산가가 될 수는 없었을 것이다. 통장을 관리하고 틈틈이 부동산 투자를 해 평가금액만 40억에 이르는 아홉 건의 부동산을 보유하게 된 것이다.

과거의 사업 실패를 통해 사장이 직접 뛰지 않으면 장사는 100% 망한다는 깨달음을 얻은 석원 씨. 세 명의 스승과 스스로의 노력으로 서민갑부가 됐다. 하지만 석원 씨는 여기서 멈추지 않고 끊임없이 새로운 아이템을 개발하면서 미래를 준비해가고 있다.

호떡 갑부 고석원 씨의
내공 키우기

세 명의 스승과 1년이란 시간이 만든 호떡

**호떡
레시피** ▶ | 굽는 방식 + 속 재료 + 반죽 |

마가린   +   1, 2차   +   9가지
이용   속 재료   재료   } 시행착오 &
개선

호떡 스승 ▶ | 호떡 달인+음식연구가+호떡 장인 |

씨앗호떡   +   속 재료   +   반죽의
기본 학습   노하우   중요성

이것만은 꼭! 한 줄 성공 비법

- 시장 호떡도 세 명의 스승과 1년이란 시간이 필요했다는 점을 명심하라.
- 세상에 없는 음식을 만들려고 하지 말고 자신만의 방식으로 재해석한 메뉴를 개발하라.
- 지금 잘되고 있어도 계속 그다음 단계를 준비해야 한다.
- 적절한 자산 관리와 현금흐름 관리는 부를 더욱 증대시킬 수 있다.

상호 • 남포동찹쌀씨앗호떡 외할머니뻥튀기

대표자 • 고석원

주소 • 강원도 속초시 중앙로129번길 62

영업시간 • 평일 오전 11시~오후 8시,
토요일 오전 11시~오후 10시,
일요일 오전 11시~오후 9시

정기휴일 • 한 달에 하루(상황에 따라 변동),
여름 성수기 휴무 없음

점포 면적 • 약 10평

남포동찹쌀씨앗호떡 연 매출(제작진 추산)

주말 평균 약 260만 원×105일=2억7300만 원
+ 평일 평균 약 60만 원×260일=1억5600만 원

약 4억2900만 원

어묵 만담꾼의
이유 있는 성공

송일형 수제어묵 명인 송일형

현란한 손기술과
사람의 혼을 빼앗는 말솜씨로
안양중앙시장을 접수한 남자가 있다.
35년 노하우가 축적된
어묵왕의 장사 노하우.

손님 지갑 여는 남자

서민들의 출출한 속을 달래주는 대표 간식 어묵. 전통시장 내의 작은 가게에서 직접 만든 어묵을 팔아 연 매출 4억 원을 올리는 서민 갑부가 있다. 경기도 안양시 안양중앙시장에서 수제어묵을 판매하는 송일형(52) 씨가 그 주인공이다. 12평밖에 안 되는 일형 씨의 가게에서 벌어들이는 돈은 평일 100만여 원, 주말 170만여 원이나 된다. 도대체 이런 조그만 가게에서 그는 어떻게 장사의 신이 됐을까.

일형 씨의 가게 앞을 지나는 사람이라면 누구나 듣는 말이 있다.

"맛이 예술이야. 한번 드셔봐." "입에 들어가는 순간 맛있다는 감탄사가 절로 나와."

시장 손님들의 혼을 쏙 빼놓는 현란한 말재간과 익살스러운 표정으로 시식용 어묵을 권하는 일형 씨. 그의 가게 앞은 일형 씨의 재미난 말투에 발걸음을 멈춘 사람들로 언제나 북적인다. 그렇다 보니 그냥 지나가려던 사람들도 무슨 일인가 싶어 호기심을 보인다.

"우리 집 어묵은 사 가면 감춰놔야 해. 안 그러면 애들이 그 자리에서 다 먹어버리거든.""한 개 먹으면 배 아프고, 하나 더 먹으면 배가 안 아파. 그니까 알아서 잡숴~."

일형 씨는 시식 중인 사람들에게도 쉴 새 없이 말을 건넨다. 그의 재미있는 말에 웃음 짓던 손님들은 어묵 맛을 보고 자연스럽게 지갑을 연다. 시장 상인들은 이런 일형 씨를 두고 "현란한 입담으로 손님들의 주머니를 탈탈 털어가는 사람"이라고 말한다. 지금은 개그맨 저리 가라 할 정도의 입담꾼이지만 일형 씨도 처음부터 말을 잘했던 것은 아니었다.

1982년 2월, 지방에서 중학교를 졸업한 일형 씨는 고등학교에 갈 돈이 없어 무작정 서울로 올라왔다. 그리고 찾아간 곳이 어묵 공장이었다. 아무런 기술도 없던 그는 어묵 공장에서 생선을 나르고, 씻고, 분쇄하는 등의 온갖 잡일을 했다. 그렇게 하루 종일 일하고 받은 월급은 고작 3만 원. 허드렛일을 하면서도 그의 마음은 늘 어묵 만드는 일에 가 있었다.

그는 남들보다 빨리 점심을 먹은 뒤 도마에 생선살 반죽을 조금씩 올려놓고 어묵 만드는 연습을 했다. 그리고 점심시간이 끝나기 10분 전에 칼이랑 도마를 깨끗이 씻어두었다. 그렇게 성실함과 눈썰미로 기술을 익혀 2년 만에 어묵 기술자가 됐다. 월급도 16만 원으로 올랐다.

당시 그가 얼마나 지독하게 일을 했던지 주민등록증을 만들려고 동사무소에 갔는데 엄지손가락 지문이 닳아 안 찍힐 정도였다고 한다.

일형 씨는 그렇게 차곡차곡 돈을 모아 서른이 되던 해에 새벽시장에 작은 어묵 노점을 열었다. 장사에 첫발을 내디딘 것이다. 빚까지 내 시작한 노점이었으나 장사의 '장'자도 몰랐기에 파는 것보다 버리는 것이 더 많았다. 당연히 일형 씨 부부의 반찬은 언제나 팔다 남은 어묵이었다. 당시 일형 씨는 손님에게 말 한마디도 못 건네는 소심한 성격이었다. 야심차게 시작한 가게는 파리만 날렸다.

그러던 어느 날이었다. 종종 그의 가게를 찾던 화물차 기사가 걸어가면서 어묵을 먹는 모습을 보던 일형 씨의 머릿속에 불현듯 떠오른 것이 있었다. 화물차 기사들은 운전하면서 어묵을 먹는 경우가 많은데 당시 어묵에는 꼬치가 달려 있지 않아 먹기가 불편했다. 일형 씨는 어묵을 산 화물차 기사에게 달려가 꼬치를 꽂아주었다. 지금의 핫바와 같은 모양이었다. 이날 이후 일형 씨의 가게는 입소문을 타기 시작했고 더 많은 화물차 기사들이 모여들게 됐다.

이 일을 계기로 일형 씨는 고객에게 먼저 다가가야 한다는 걸 깨달았다.

"남들과 똑같이 하면 도태된다는 걸 비로소 알게 된 거죠."

일형 씨가 지나가는 손님들에게 부지런히 말을 걸고, 퍼주듯이 시식용 어묵을 내미는 것도 결국은 새벽시장 노점에서 깨달은 '손님에게 더 다가가기' 위한 그만의 생존 비법이었던 것이다.

가격은 비밀! 맛보면 알려드려요

일형 씨의 손에서 탄생하는 수제어묵은 아이들이 좋아하는 핫바와 같은 간식에서 100% 생선살로만 만든 최고급 어묵까지, 그 종류만 30여 가지다. 그런데 일형 씨 가게 그 어디에도 가격표가 없다. 손님이 가격을 물어봐도 그는 일단 먹어보라며 시식을 권할 뿐 바로 알려주지 않는다. 그 이유는 무엇일까.

"저희 가게에서 파는 어묵은 일반 공장에서 만든 어묵보다 비싸거든요. 처음 오시는 분들이 맛보기 전에 가격을 알면 비싸다는 선입견을 갖게 되잖아요. 그래서 가격을 물어봐도 바로 안 가르쳐드리는 거예요. 시식을 하신 뒤 가격을 알려드리면 싼 어묵과는 맛이 다르다는 걸 아니까 그때 가격에 수긍하시게 되는 거죠."

소비자에게 가성비는 구매를 결정하는 중요한 요소다. 그런데 공장에서 대량 생산한 제품이 아니고 하나하나 정성으로 만든 수제품은 가격이 비쌀 수밖에 없다. 이런 수제품의 가치를 모른 채 가격

일형 씨가 끊임없이 시식을 권하고 말을 건네는 것은 손님에게 더 다가가기 위한 그만의 생존 비법이다.

만 보면 비싸다는 인식이 생겨 구매로 이어지기가 어렵다. 때문에 수제품은 특히 고객이 구매 전에 직접 품질을 체험할 수 있게 해 그 가치를 느끼도록 해야 한다. 일형 씨가 시식을 통해 '가격'이 아닌 '가치'를 먼저 인식하도록 하는 이유다.

일형 씨는 시식한 손님이 어묵을 사지 않고 가더라도 절대 아쉬워하지 않는다.

"시식한 고객이 그냥 가셔도 괜찮아요. 제가 만드는 어묵은 일단 시식을 하면 머릿속에 남거든요. 그럼 언젠가 다시 오시게 돼 있어요. 그게 전략이에요. 그래서 저는 시식하고 그냥 가시는 손님보다 시식을 안 하고 가시는 손님이 더 서운해요."

일형 씨의 말처럼 시식은 시식으로 소비되는 '비용'보다 구매로 유도하거나 잠재 고객을 확보하는 '이익'이 훨씬 크다. 또한 무료 시식으로 매장 앞에 많은 손님이 모여들면 활력이 생겨난다. 그냥 지나가려는 사람도 호기심에 발걸음을 멈추게 하는 효과도 있다. 그럼에도 많은 자영업자가 품질에 대한 자신감 부족이나 귀찮음, 비용 대비 효과가 낮다는 등의 이유로 시식을 홍보에 적극적으로 활용하지 않는 경우가 많다.

사실 일형 씨에게는 시식의 효과를 극대화시키는 그만의 노하우가 있다.

"시식용 어묵을 드렸는데 고객의 반응이 시큰둥한 것 같으면 바로 한 단계 더 좋은 제품을 드려요. 그렇게 해서 고객이 만족하시면 처음보다 고급 상품을 팔 수 있거든요."

일반적으로 대형마트 등에서 하는 시식 행사는 고객들에게 신상품 등을 체험하게 해 자연스럽게 구매를 유도하는 방식이다. 그런데 이 경우 고객의 반응이 신통치 않으면 구매를 권하기 어렵다. 하지만 일형 씨는 시식하는 고객과 대화하면서 니즈(Needs)를 파악하고 이를 통해 맞춤 제품을 제공한다는 점이 다르다. 고객에게 상품을 알리는 과정은 물론이고 다양한 기대 수준을 파악해 단계적으로 품질 좋은 제품을 권함으로써 결국 만족감을 주는 방식이다.

간판에 이름을 크게 써넣은 이유

일형 씨의 가게에는 '송일형 수제어묵 명인'이라고 크게 쓰인 간판이 걸려 있다. 간판에 자신의 이름을 써넣고 장사할 정도로 어묵에 대한 자부심은 대단하다. 그러니 그는 자신 있게 시식을 권한다. 많은 자영업자가 상호에 자신의 이름을 쉽게 내걸지 못하는 이유는 쑥스러움 때문인 것도 있지만 대부분 자부심과 전문성이 부족해서다. 사람들은 일형 씨 이름이 적힌 간판을 보고 그가 만든 어묵을 신뢰하고 그것이 구매로 이어지는 것이다.

일형 씨가 사람들 앞에서 어묵 만드는 모습을 보여주는 것 역시 그의 사업 비법 중 하나다. 지금은 오픈 주방이 많아졌지만 과거엔 손님들에게 주방은 감춰진 공간이었다. 그는 일찌감치 주방과 손님 사이의 벽을 허물었다.

"주방을 공개하니까 손님들은 우선 기름 상태를 보고 좋아하세요. 깨끗하고 깔끔하니까요. 그리고 이렇게 만드는 모습을 보여줌으로써 시각적인 효과와 더불어 후각적인 효과도 줄 수 있어요."

평소 어묵을 잘 안 먹는다는 손님들도 그가 바로 앞에서 자신 있게 만드는 모습을 보면 신뢰감이 생겨 지갑을 여는 경우가 많다고 한다.

'어묵왕' 보조하는 착한 아내

일형 씨 가게에는 따로 직원이 없다. 아내 김경선 씨가 20년 넘게 한결같이 남편 곁에서 가게 운영을 돕고 있다.

"남편이 어묵에 대한 자부심이 대단해서 함께 일하기가 좀 까다로워요. 채소를 다듬을 때도 기계보다 손으로 해야 하는 일이 훨씬 많고요. 저는 보조하는 일이라서 궂은일이 더 많아요. 한마디로 '무수리'죠. 남편은 왕이고요(웃음)."

부부가 하루 종일 함께 일하다 보니 사소한 다툼이 수시로 벌어진다. 일형 씨가 아내에게 "이렇게 하라, 저렇게 하라"며 계속 잔소리를 하기 때문. 서로 서운한 점이 있어도 금방 풀리는 것은 둘 사이에 굳건한 믿음이 있기 때문이다. 아내는 가끔씩 심하다 싶을 정도로 잔소리를 하는 남편이 불만이지만 그래도 남편을 이해할 수 있다고 말한다.

"남편이 여기까지 오는 데 어마어마하게 고생했다는 걸 제가 누구보다 잘 아니까요. 남편 혼자 동분서주하면서 그 모든 일을 다 해내는 걸 옆에서 지켜봤잖아요. '참 사느라고 수고한다'는 생각이 절로 들어요."

지금의 성공에 이르기까지 서로를 의지하며 함께 걸어온 부부. 일형 씨 부부가 얼마 전부터 가게 문을 닫은 뒤 들르는 곳이 있다.

바로 스포츠마사지센터다. 일형 씨는 계속 서서 일하다 보니 등과 허리가 아파 이곳을 찾게 됐다고 한다. 그는 자신 때문에 고생하는 아내를 위해 월 정기권을 끊었다.

자영업은 대부분 몸으로 하는 일이다. 수십 년간 매일 쉬지 않고 그 일을 해왔다면 몸에 아픈 곳이 생기지 않을 수 없다. 그래서인지 실제로 스포츠마사지로 꾸준히 몸을 풀어준다는 자영업 사장님을 쉽게 만날 수 있다.

평생 스시만을 만든 스시 장인도 정기적인 마사지로 굳은 몸을 이완하고 스트레스를 푸는 경우가 많다. 이런 측면에서 자영업 사장님에게 마사지를 받는 시간은 단순한 휴식이 아닌 '힐링과 치유의 시간'이라 할 수 있다. 더욱이 함께 일하는 부부가 그 시간을 같이한다면 서로에 대한 친밀도가 높아져 보다 활기차게 일할 수 있다.

사업 성패 좌우하는 진실의 순간

일형 씨는 2016년 11월 서울의 한 지하철역사에 2호점을 열었다. 그는 주중에 세 번 정도 2호점을 방문해 관리하고 주말에는 본점 운영에 집중하고 있다.

그가 이처럼 2호점에 신경 쓰는 이유 중 하나는 큰딸 시은 씨가 운영하는 곳이기 때문이다. 시은 씨는 회사를 그만두고 아빠의 뒤를 이어 수제어묵 장사에 뛰어들었다.

자녀가 멀쩡하게 잘 다니던 회사를 그만두고 부모님의 뒤를 이어 가게를 하겠다고 하면 선뜻 그러라고 할 사람이 몇이나 될까. 대다수 자영업자는 비전이 없다는 이유로 혹은 힘들다는 이유로 권하지 않는다.

일형 씨도 처음에는 시은 씨가 가게를 내고 싶다 했을 때 반대했다. 하지만 딸의 의지가 강해 기회를 주기로 했다. 대신 가게가 어느 정도 자리 잡을 때까지 운영을 도우면서 자신의 노하우를 전수하고 있다.

일형 씨가 딸에게 특히 강조하는 부분은 접객이다. '손님을 어떻게 맞이하고 어떻게 대해야 하는지'를 중점적으로 가르친다. 딸 앞에서 손님과 어떻게 커뮤니케이션해야 하는지 설명하고 시범을 보인다. 시은 씨는 "아빠처럼 해보려고 하는데, 아직은 손님들과 대화한다기보다 설명해드리는 정도예요. 하지만 열심히 하다 보면 저도 언젠가 아빠처럼 손님을 맞이할 수 있는 날이 오지 않을까요?"라며 환하게 웃는다.

마케팅 용어로 '진실의 순간(Moments of Truth)'이라는 말이 있다. 고객이 제품에 대한 이미지를 결정하는 15초 내외의 짧은 시간을 말한다. 그 순간의 인상이 기업 이미지는 물론 생존까지 좌우한다. 자영업에서 진실의 순간은 바로 현장에서 고객을 만나고 대하는 접객의 시간일 것이다. 일형 씨가 고객 앞에서 재미있는 입담, 현란한 손기술, 적극적인 시식 권유라는 삼위일체 서비스를 선보이는 것도 바로 진실의 순간을 대하는 그만의 생존 노하우다.

동일 업종의 유사 상품이라 할지라도 진실의 순간을 어떻게 대하는가에 따라 매출 차이가 발생한다. 실제로 일형 씨가 2호점을 방문해 진두지휘하고 접객을 하면 매출은 2배 가까이 오른다.

결국 판매업에서 '누가 장사하느냐'에 따라 매출이 확연히 달라지는 이유는 진실의 순간을 어떻게 운영하느냐의 차이 때문이다.

본점 매장에서도 일형 씨가 자리를 비우면 금방 티가 난다고 경선 씨가 고백한다. "저는 손님들이 '이거 주세요' 하면 딱 그것만 드리는데, 남편은 손님들과의 대화를 매끄럽게 이끌면서 자연스럽게 다른 제품을 구매하도록 유도하죠. 그러다 보니 남편이 없으면 바로 매출이 떨어져요."

일형 씨의 유머러스한 입담과 적극적인 시식 권유는 '혼연일치'가 돼 고객의 지갑을 더 열게 만든다. 일형 씨의 매장에는 공장 어묵과 같은 저렴한 상품도 있다. 하지만 공장 어묵을 집어드는 고객에게 일형 씨는 "어머니, 이왕 드시려면 맛있는 것 좀 잡숴봐" 하며 수제어묵 한 조각을 시식용으로 내민다. "우리 안양 어묵이 최고야. 안양 어묵은 이렇게 만들고 있는데 이보다 더 맛있는 게 어디 있어? 기름 봐요. 세수해도 되겠죠?"라며 말을 건넨다. 일형 씨의 입담이 계속되자 고객은 슬쩍 가격을 묻는다. 그러자 일형 씨는 득달같이 싸게 준다며 수제어묵 5000원어치를 포장해 고객에게 내놓는다. 공장 어묵 3000원어치 사려던 고객에게 수제어묵 5000원어치를 더 묶어 판매한 것이다.

고객이 돈을 꺼내는 순간, 이때가 바로 일형 씨에게는 또 다른 진실의 순간이다.

"손님이 돈 꺼낼 때 마음을 실신시켜야 된다니까요. 손님이 제품한 가지를 주문하고 돈을 꺼낼 때 주인은 후다닥 포장하는 동시에 다른 제품을 시식하게 만드는 거죠. 그걸 먹어본 손님이 '오, 이것도 괜찮네요~' 하는 반응을 보이면 자연스럽게 '함께 포장해드릴까요?' 하면서 더 팔 수 있게 되는 거예요."

이러한 접객 방식은 일형 씨가 2호점을 맡고 있는 큰딸에게 특히 강조하는 부분이다.

"손님은 돈을 꺼내고 넌 포장할 때 말을 던지라고. 새로운 어묵을 권하며 이런 건 나중에 국거리가 필요할 때 와서 사시라고 하는 거지. 그러면 자연스럽게 구매를 유도할 수 있거든."

간단하지만 핵심적인 말 한마디가 매출을 좌우하는 순간이다. 이 짧은 순간, 한 가지 팔 것을 두 가지 팔 수 있다면 그날의 매출은 두 배가 된다.

딸이 운영하는 2호점 외에 전라남도 목포의 전통시장에도 일형 씨 수제자가 운영하는 매장이 있다. 6년 전 사업에 실패한 뒤 일형 씨를 찾아온 청호 씨. 그는 일형 씨로부터 수제어묵 기술을 배운 뒤 목포로 내려와 부부가 함께 가게를 운영하고 있다. 뛰어난 손기술과 친근한 입담, 그리고 적극적인 시식 권유까지 수제자가 매장을 운영하는 방식도 일형 씨의 그것과 꼭 닮았다. 이제 수제자도 시장에서 자리 잡은 것은 물론이고 작은 상가 건물주가 됐다.

일형 씨는 "수제자가 이렇게 잘나가고 성공하는 것을 보면 뿌듯하고 행복하다"고 말한다.

빈손으로 시작해 자신의 노력으로 성공을 이루고 그 성공을 주위 사람들과도 나누는 것이 가장 행복하다는 일형 씨. 그가 현장에서 몸으로 부딪혀 익힌 장사 비법이야말로 그의 가장 큰 재산이 아닐까.

어묵 갑부 송일형 씨의 고객에게 다가가는 노하우

고객과 만나는 진실의 순간이 매장의 생존을 좌우한다

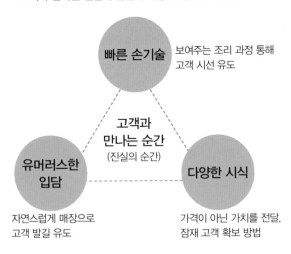

빠른 손기술 — 보여주는 조리 과정 통해 고객 시선 유도

고객과 만나는 순간 (진실의 순간)

유머러스한 입담 — 자연스럽게 매장으로 고객 발길 유도

다양한 시식 — 가격이 아닌 가치를 전달, 잠재 고객 확보 방법

이것만은 꼭! 한 줄 성공 비법

- 고객과 만남이 이루어지는 순간이 가게의 생존을 좌우하는 진실의 순간이다.
- 고객의 시선과 발길을 매장에 붙잡아둬야 한다. 입담, 적극적인 시식 권유, 손기술이 그 장치다.
- 고객이 경험을 통해 가치를 느끼게 하고 인상을 남겨 다시 찾게 만들어야 한다.
- 고객이 돈을 꺼내는 순간이야말로 추가 지출에 대한 저항감이 가장 적을 때다.

상호 • 송일형 수제어묵 명인(제일식품)

대표자 • 송일형

주소 • 경기도 안양시 만안구 장내로 119

영업시간 • 오전 8시 30분 ~ 오후 8시 30분

정기휴일 • 설연휴 기간

점포 면적 • 약 12평

송일형 수제어묵 명인 연 매출(제작진 추산)

주말 170만 원 × 105일 = 1억7850만 원

\+ 평일 100만 원 × 260일 = 2억6000만 원

_____

약 4억3850만 원

세상을
기절시킨
배달맨

신길동 별난 아찌 짬뽕 임주성

매운맛을 좋아하는 한국인의 식성에 맞는
짬뽕으로 국내뿐 아니라
외국에까지 소문난 가게가 있다.
철가방 배달맨으로 출발,
어엿한 건물주가 된 한 남자의 인생 스토리.

호기심이 부른 성공

서울 영등포구 신길동의 인적이 뜸한 주택가 골목에 전국에서 사람들이 찾아오는 작은 짬뽕집이 있다. 인터넷 검색창에 '신길동'이라고 치면 이 가게 대표 메뉴인 '매운 짬뽕'이 연관 검색어로 뜬다. 한때는 손님이 하도 많이 찾아와 '신길동의 관광특구'라고까지 불렸던 곳이다. 바로 임주성(54)·최옥화(54) 씨 부부가 운영하는 가게 '신길동 별난 아찌 짬뽕'이다. TV 맛집 프로그램에는 단골로 소개됐고, MBC 인기 예능 프로그램 〈무한도전〉과 〈우리 결혼했어요〉 출연자들이 직접 찾아와 매운맛에 도전장을 내밀기도 했다.

"도대체 얼마나 맵기에?" 하는 호기심을 갖고 찾는 사람이 많다 보니 가게 입구에는 '빈속, 임산부, 노약자, 고혈압, 위궤양, 컨디션 안 좋은 분 짬뽕 절대 사절'이라는 현수막까지 걸려 있다.

주성 씨가 이렇게 적어놓은 이유는 그가 파는 짬뽕이 정말 죽도록 매워 일명 '기절 짬뽕' '미친 짬뽕'이라 불리기 때문이다. 매장 앞에는 '2017년 3월 현재 기절한 사람이 2명, 사실입니다'라고 써놓은 기절 현황판도 있다. 이런 무시무시한 경고에도 '엄청난' 짬뽕을 먹겠다고 찾아오는 사람들로 주성 씨의 가게는 항상 문전성시를 이룬다. 최근에는 인터넷을 보고 왔다는 해외 관광객도 꽤 있다.

그렇다면 맛에 대한 사람들의 평가는 어떨까.

'사람을 겸손하게 하는 맛이네요' '진짜 누가 목구멍을 주먹으로 확 때리는 느낌?' '국물 원샷하면 손에 마비가 와요. 죽어요, 죽어' '나는 국물을 먹었는데 왜 어깨까지 아프지?' '돌아가신 외할아버지를 봤습니다' '정신 차리고 갑니다. 까불지 않겠습니다' '입술이 명란젓 되는 맛' '짬뽕 먹다 요단강 건널 뻔'.

가게 벽면에는 손님들이 메모지에 써서 붙여둔 생생한 후기가 빼곡하다. 주성 씨에게 "얼마나 맵냐"고 묻자 "설명으로는 그 느낌을

일명 '기절 짬뽕' '미친 짬뽕'이라 불리는 주성 씨네 매운 짬뽕. 그 맛을 잊지 못해 일본에서 다시 찾아왔다는 오이카와 나호 씨(오른쪽).

잘 모를 테고, 일단 먹어봐야 알 수 있다"는 대답이 돌아온다.

그런데 이곳에서 짬뽕을 처음 먹고 두 번 다시 오지 않겠다고 했던 사람들이 또 찾아와 하는 말이 있단다. "먹을 때는 고통스러운데, 집에 가면 자꾸 생각나는 맛"이 그것이다. 그만큼 중독성이 강하다는 방증이다. 이곳에서 짬뽕 한 그릇을 국물까지 완전히 다 비우는 것을 '완뽕'이라고 하는데 성공하는 사람이 거의 없다고 한다.

그런데 이렇게 먹다 남은 국물을 포장해 가는 사람이 많다는 것도 이 가게만의 특이한 점이다. 라면이나 찌개에 넣거나 밥에 비벼 먹으면 더 맛있어진다는 게 그 이유다. 그래서 주성 씨 가게는 낮보다 밤에 손님이 많고 포장 비율도 다른 음식점보다 높은 편이다.

"손님들이 낮에 받은 스트레스를 이 매운맛으로 풀고 싶다고들 하세요. 그리고 이 맛이 생각나면 늦은 밤이라도 와서 사 가야 직성이 풀린다고. 이거 생각하면 입에 침이 돌아 잠을 못 잔다고 해요."

이런 손님들을 위해 주성 씨의 짬뽕집은 밤 12시까지 영업한다.

매워도 다시 찾게 되는 맛의 비밀

이 집의 짬뽕에 들어가는 재료는 무려 28가지나 된다. 당근, 무, 호박, 양파, 양배추 등의 채소와 홍합, 오징어, 새우 등의 해산물 그리고 특이하게도 땅콩버터가 들어간다.

짬뽕의 매운맛을 내는 데는 고춧가루가 기본으로 들어가지만 이 곳만의 핵심 재료는 일명 '인도 땡초'라고 불리는 '부트졸로키아'다. 세상에서 가장 매운 고추로 알려져 있으며 청양고추의 무려 150배에 달하는 매운맛을 낸다고 한다. 청양고추도 엄청 매운데 그 맛의 150배라니! 주성 씨는 이 인도 땡초를 "폭탄 수준의 위험한 맛"이라고 표현한다. 실제로 매운 짬뽕을 개발하는 과정에서 주성 씨도 이 인도 땡초 때문에 여러 번 기절 직전까지 갔다고 한다.

"매운 음식을 먹었을 때 짜증나는 매운맛과 쓴맛이 난다면 그것은 '캡사이신'으로 맛을 냈기 때문이에요. 하지만 인도 땡초로 맛을 내면 그런 맛이 나지 않아요. 저희가 인도 땡초를 고집하는 이유죠."

주성 씨 매장에는 메뉴가 많지 않다. 정통 중식당이 아니다 보니 탕수육도 없다. 메뉴는 단출하게 매운짬뽕, 얼큰차돌짬뽕, 옛날짜장, 기계우동, 김밥 이렇게 다섯 종류뿐이다. 이 중 대표 메뉴는 단

각종 채소와 홍합 등 매운 짬뽕에 들어가는 재료만 무려 28가지. 특유의 매운맛을 내기 위해 청양고추보다 150배나 더 맵다고 알려진 인도 땡초 '부트졸로키아'를 넣는다.

연 매운 짬뽕이고 손님들이 주문하는 것도 매운 짬뽕이 압도적이다. 그런데도 메뉴에 짜장과 우동을 추가한 이유는 매운 것을 먹지 못하는 손님과 아이들과 함께 오는 가족을 배려해서다. 짜장은 옛날 스타일로 달달하게 만들고, 우동은 포장마차에서 맛볼 수 있는 기분 좋게 얼큰한 맛이다.

면 종류를 좋아하지 않는 손님들을 위해 김밥도 판매하고 있다. 크지 않은 매장에서 짬뽕, 짜장, 우동 이외에 김밥을 제공하는 것은 쉽지 않은 일이다. 특히 김밥은 손이 많이 가는 음식이다. 제대로 된 김밥을 말기 위해서는 지금보다 훨씬 많은 인력과 시간이 필요하다. 그래서 주성 씨는 매장 내에서 김밥을 만들지 않고 영등포 전통시장 내 가게에서 납품받아 사용하고 있다. 주성 씨가 15년 동안 한결같이 이용해온 곳이다. 김밥집 사장님은 덕분에 매출이 늘어나서 좋고, 주성 씨는 힘들이지 않고 맛 좋은 김밥을 손님들에게 제공할 수 있어서 좋은, 말 그대로 '윈윈'하는 관계다.

짬뽕 가게에서 아이스크림 파는 이유

주성 씨 매장에는 짬뽕 이외에 또 다른 인기 품목이 있다. 바로 시원한 음료와 부드러운 우유 그리고 달달한 아이스크림이다. 그런데 손님들이 이들을 주문하는 시점에는 차이가 있다. 음료와 우유는 짬뽕을 먹기 전이나 먹으면서 주문하는 반면, 아이스크림은 먹은 후에 주문한다는 점이다. 짬뽕이 워낙 맵기 때문에 단 음료로 매운맛을 중화시키거나 미리 우유를 마셔 속을 보호하기 위해서다. 그리고 아이스크림은 짬뽕으로 후끈 달아오른 속을 달래주기 위한 입가심으로 주문하는 것이다. 이렇게 하루에 판매되는 음료, 우유, 아이스크림 양도 엄청나 가게 매출에 효자 노릇을 톡톡히 하고 있다.

주성 씨의 가게처럼 성공하는 자영업 매장에서는 보완 상품을 통해서 객단가(고객 1인당 평균 매입액)를 효과적으로 높이는 경우를 쉽게 볼 수 있다. 신규 고객을 추가로 창출하는 것보다 기존 고객을 대상으로 수익성을 높이는 방식이다. 기존 고객을 대상으로 추가 상품이나 서비스를 더 제공해 판매하는 방식을 크로스셀링(Cross-selling), 즉 교차판매라고 한다. 이때 기존 상품 대신 더 비싼 상품이나 프리미엄 상품을 판매하는 경우를 업셀링(Up-selling)이라고 한다.

주성 씨의 경우 매운 짬뽕을 중심으로 음료, 우유, 아이스크림을 각각 시차를 두고 교차판매함으로써 수익성을 높이고 있다. 대형 음식점에서 테이크아웃 카페를 함께 운영하는 것 역시 교차판매에 해당한다. 반면, 음식점에서 코스 메뉴를 만들어 객단가를 높이는 형태는 업셀링이라 할 수 있다. 피부관리실이나 스포츠마사지센터 등에서 30분 부분관리보다는 60분 전신관리로 고객의 선택을 유도하는 장치를 마련하는 것도 객단가를 높이기 위한 업셀링에 해당하는 경우다.

국내 경기가 본격적인 '불황' 국면에 진입하고 고객이 '지출'을 억제하는 시대에 접어듦에 따라 자영업에서도 이처럼 교차판매와 업셀링의 영업 방식이 중요해지고 있다. 교차판매와 업셀링만 제대로 해도 매출을 30% 이상 높일 수 있기 때문이다.

철가방 10년, 포장마차 15년

주성 씨가 처음 요식업에 뛰어든 것은 1989년이다. 군 제대 후 전라남도 순천에서 무작정 상경했다. 가진 것도, 할 줄 아는 것도 없던 그가 유일하게 할 수 있었던 일은 시장에서 철가방을 들고 하는 배달 일이었다.

"철가방은 없는 자들의 소유물이라고나 할까요? 철가방을 들기 시작하면서 손님들에게 욕도 많이 들었지만, 돌이켜보면 그때 그렇게 힘들게 살았기에 지금의 제가 있다고 생각해요."

영등포 전통시장 인근에서 주성 씨는 열심히 배달 일을 했다. 그러다 근처 미용실에서 일하던 옥화 씨에게 자꾸 눈길이 갔다. 결국 두 사람은 사랑에 빠졌고 함께 살게 됐다. 결혼식도 못 올리고 부부는 신혼생활을 시작했다. 그리고 6년 후 철가방을 들며 모은 돈으로 조그만 분식점을 차렸다. 하지만 위치가 안 좋고 공간도 너무 협소해 배달 전문점으로 운영할 수밖에 없었다. 원래 경비실로 사용하던 곳이라 공간이랄 것도 없었다. 작은 주방 한쪽에서 옥화 씨는 아이를 키우며 열심히 음식을 만들었고 주성 씨는 주방문을 넘나들며 부지런히 배달 일을 했다.

그렇게 철가방 배달 일만 10년을 했다. 한순간도 쉬지 않고 열심히 살았지만 가난은 좀처럼 벗어나기 힘든 굴레였다. 주성 씨는 아이가 잠든 모습을 볼 때마다 '내 아이에게도 가난을 물려주게 되면 어쩌나' 하는 걱정에 마음이 무너지곤 했다.

그러던 어느 날 시장에서 반죽 매장을 운영하던 친구가 주성 씨를 찾아왔다. 그 친구는 역 근처에 있는 포장마차로 주성 씨를 데리고 가더니 뜻밖의 제안을 했다.

"저 포장마차 자리, 장사가 잘되는 곳인데 매물로 나왔어. 내가 자릿세 2000만 원을 빌려줄 테니 장사 한번 해볼래?"

주성 씨는 그때까지 욕심을 부리고 산 적이 없었지만 그 포장마차 자리를 보는 순간 탐이 났다.

"제가 봐도 자리가 너무 좋은 거예요. 그래서 친구에게 말했죠.

'그래, 그 돈 빌려줘. 나, 저거 꼭 해야겠어'라고요."

친구는 주성 씨에게 아무런 조건 없이 큰돈을 빌려주었다. 그 친구가 없었다면 오늘날의 성공도 매운 짬뽕도 존재하지 못했을 것이다. 이를 알기에 주성 씨는 그 친구를 세상에 둘도 없는 은인이라고 생각한다. 그래서 지금도 그는 친구가 공급하는 반죽으로 매운 짬뽕을 만든다.

친구의 도움으로 철가방 생활 10년을 청산하고 포장마차를 시작한 주성 씨. 그는 이곳에서 우동과 짜장면을 팔았다. 면은 국수 기계를 손으로 빙빙 돌려가며 직접 뽑았다. 그런데 너무 무리한 탓일까. 어깨가 탈이 났다. 지금도 주성 씨는 조금만 무리하면 어깨에 통증이 온다. 당시 거의 매일 부항을 뜬 탓에 그의 어깨에는 시커먼 부항 자국이 훈장처럼 남아 있다.

매운 짬뽕의 탄생 비화

그렇다면 주성 씨는 어떻게 매운 짬뽕을 만들 생각을 하게 됐을까.

"철가방을 들고 배달 가면 손님들이 특히 반겨주실 때가 있더라고요. 그때 생각했죠. '음식 장사라는 게 이런 즐거움이 있는 거구나. 나중에 가게를 열면 나를 확실하게 알릴 메뉴를 이벤트성으로 만들어봐야겠다'라고요."

포장마차에서 새로운 메뉴를 개발하던 중 주성 씨는 철가방 시절이 생각났다. '유독 매운 음식을 좋아하는 우리나라 사람들. 세상에서 제일 매운 짬뽕이라면 손님들에게 강렬한 인상을 심어줄 수 있지 않을까?' 주성 씨는 일반적인 맛으로는 자신을 각인시킬 수 없기에 정말 못 먹을 정도로 맵게 만들어보자는 생각을 하게 됐다.

그렇게 야심차게 개발해 시장에 내놓은 정말 매운 짬뽕. 하지만 손님들의 반응은 냉담했다.

"처음에는 음식을 먹은 뒤 성질내고 욕하는 사람들도 있었어요. 그런데 시간이 지나면서 조금씩 긍정적인 반응이 오기 시작하더라고요. 다녀간 손님들이 '저 집에서 짬뽕 먹었는데 진짜 맵더라. 난 다 못 먹었지만 넌 한번 도전해봐' 하면서 친구들을 하나둘씩 데리고 오는 거예요."

개업한 지 3개월이 지나자 거짓말처럼 매운 짬뽕을 찾는 사람이 늘기 시작했다. 매운 것을 못 먹는 손님들에게는 짜장면과 우동에 넣어 드시라고 짬뽕 국물을 서비스했다. 반응이 더 좋아졌다. 주성 씨는 성공할 거라는 확신이 들기 시작했다. 그리고 얼마 후 한 언론에 주성 씨의 매운 짬뽕이 소개되면서 대박 짬뽕집으로 거듭나게 됐다.

혹자는 주성 씨의 매운 짬뽕을 폄하해 "그건 음식이 아니다"라고 말하기도 한다. 하지만 이는 본질을 잘못 알고 있는 것이다. 주성 씨의 가게는 일반적인 음식점이 아니다. 느낌과 체험을 파는 매장이다. 주성 씨의 전체 손님 중 80% 정도가 서울이 아닌 먼 타지에서 찾아오는 사람들이다. 그들은 주성 씨의 짬뽕이 중독성이 강하다고 평가한다. 매운맛이 너무나 강렬해 먹을 때는 힘들지만 일단 맛을 보면 절대 잊지 못하는 맛이라는 것이다.

손님 중 오이카와 나호 씨는 일본으로 돌아가서도 매운 짬뽕 맛이 생각나 서울에 온 김에 가게를 다시 찾았다고 했다. 그는 매운 짬뽕집을 찾게 된 사연과 주성 씨와의 일화를 직접 만화로 그려 선물로 가져오기도 했다.

체험과 추억을 파는 음식점

2016년 오픈한 복합 쇼핑몰 '스타필드 하남'은 문을 연 지 140일 만에 방문객 1000만 명을 돌파했다. 정용진 신세계 부회장은 "이제 제품을 파는 시대가 저물고 경험, 기억, 시간이 유통의 핵심 단어가 되고 있다"며 스타필드 하남을 통해 '유통의 미래'를 얻고 싶다고 했다. 그러면서 정 부회장은 "스타필드 하남의 경쟁자는 다른 유통 매장이 아닌 경험, 기억, 시간을 놓고 경쟁하는 야구장과 놀

이공원"이라는 점을 강조했다.

주성 씨의 짬뽕집도 바로 이런 맥락에서 해석할 수 있다. 매장을 찾는 손님들로 하여금 정말 매운 짬뽕을 경험하게 하고 그 강렬한 기억을 각인시켜 다시 찾게 만든다는 전략이다.

주성 씨는 손님들과 자주 사진을 찍는다. 그리고 손님들이 남기고 간 사진과 메모지를 벽면에 붙여둔다. 이를 통해 자신의 가게가 단순한 음식점이 아닌 맛으로, 느낌으로, 글로, 사진으로 기억되는 공간이길 바란다.

철가방 생활 10년, 포장마차 15년을 거치면서 주성 씨 부부는 지금 매장이 있는 2층짜리 건물을 샀다. "철가방에서 매운 짬뽕으로 오기까지의 과정이 내 인생"이라고 말하는 주성 씨. 그는 아내 옥화 씨에게 "초년에는 힘들었고 중년에는 열심히 살고 있으니 노년에는 틀림없이 행복해질 것"이라고 입버릇처럼 이야기한다.

열심히 노력하는 자영업자가 부자가 되고 행복해지는 세상. 그것이야말로 주성 씨 부부를 통해 보고 싶은 우리 사회의 미래가 아닐까.

짬뽕 갑부 임주성 씨의
터닝포인트

포장마차 자리로의 이전과 매운 짬뽕 개발은 경영의 터닝포인트로 작용

**매장의
점진적 확장**

배달 전문 매장 → 포장마차 → 신길동 매장

과감한 이전은 | 매운 짬뽕은 | 자가 건물로
신의 한 수 | 신의 두 수 | 이전

매운 짬뽕 개발과 각인 효과

메뉴 개발	느낌 각인	홍보 확산	객단가 확대	표현 도구	중독성
배달 경험 이용	강렬한 체험	입소문, 방송 출연	교차판매, 업셀링	메모지, 사진 등	포장 판매, 해외 고객

**대표 메뉴
효과**

이것만은 꼭! 한 줄 성공 비법

● 자리 이전을 위한 과감한 베팅은 때로 신의 한 수가 된다.
● 대표 상품을 활용해 교차판매와 업셀링의 기회를 포착하라.
● 강렬한 느낌과 체험을 제공하는 매장은 고객의 기억 속에 각인돼 중독
성을 일으킨다.

상호 • 신길동 별난 아찌 짬뽕

대표자 • 임주성

주소 • 서울시 영등포구 영등포로62길 10-1

영업시간 • 낮 12시~ 밤 12시

　　　　　　(토, 공휴일은 밤 10시까지)

정기휴일 • 매주 일요일

점포 면적 • 약 25평

신길동 별난 아찌 짬뽕 연 매출
(제작진 추산)

하루 매출 약 210만 원

월 매출 약 5670만 원

─────────────

약 6억8040만 원

(+ 아이스크림, 음료 수입)

불고기 파는
아버지와
마카롱 파는 딸

8

광릉불고기 주덕현 · 잇다제과 주한주

시골 작은 도시에 간판 없는 가게로
대박난 부녀가 있다.
각기 다른 아이템과 영업 방식으로
줄서는 가게 만든
이들만의 남다른 노하우.

일주일에 사흘 문 여는 별난 가게

일본에서는 대대로 가업을 이어받는 오래된 가게, 시니세(노포·老 舗)를 보는 일이 어렵지 않다. 장관이 퇴임한 후 부모의 가게를 물 려받기 위해 일을 배운다든가, 대기업 임원이 부친이 돌아가시자 사표를 내고 점포 주인이 됐다든가 하는 이야기는 뉴스거리도 안 된다.

우리나라에는 아직 이런 시니세가 많지 않다. 지금은 많이 바뀌 었다고는 하지만 알게 모르게 장사를 천시하는 사회적 분위기가 남 아 있기 때문이다. 그래서 장사로 성공했더라도 자신의 일을 물려 주기보다 자식이 다른 길을 가기를 바라는 부모가 많다. 하지만 취 업의 문턱이 높아지고 '평생직장'의 개념이 사라지면서 창업에서 자신의 미래를 찾는 청년들이 점점 늘고 있다.

경기도 남양주시에서 제과점을 운영하는 주한주(27) 씨도 청년 창업자 중 한 명이다. 한주 씨의 아버지 주덕현(61) 씨는 숯불고기 가게로 성공한 서민갑부다. 아버지가 장사하는 모습을 보고 자란 딸은 명문대 패션디자인학과를 나와 전공과 무관한 제과점 주인이 됐다.

한주 씨가 운영하는 제과점은 경기도 남양주시 진접읍의 주택가 도로변에 위치하고 있다. 대중교통이 편리한 곳도 아닌 데다 번듯한 간판마저 없다. 유리창에 작게 '잇다제과'라고 적혀 있을 뿐이다. 힘들여 찾아간다 해도 미리 영업시간을 확인하지 않았다면 낭패를 볼 수도 있다. 일주일에 목, 금, 토요일 이렇게 단 사흘만 영업하기 때문이다. 그리고 문을 여는 시간도 오후 2시부터 7시까지 5시간뿐이다. 일주일에 15시간, 한 달로 치면 60시간 정도만 영업하

화려한 색감이 돋보이는 한주 씨네 마카롱. 잇다제과에서 가장 인기 있는 디저트로 인스타그램과 페이스북 등을 타고 유명해졌다.

는 셈이다. 그나마도 늦게 가면 제품이 다 팔려 빈손으로 돌아올 수도 있고, 운이 없으면 찾아가는 동안 다 팔렸다는 공지를 SNS로 접할 수도 있다.

그렇다고 한주 씨가 일주일에 15시간만 일하고 나머지 시간은 노는 것이 아니다. 영업을 위해 문을 여는 시간이 15시간이고, 나머지 시간에는 가게 안에서 직원들과 제품을 만드는 등의 준비 작업을 한다. 효율적인 인력 배분과 업무의 집중도를 높이기 위해 제조하는 시간과 판매하는 시간을 나눠놓은 것이다.

매달 다른 콘셉트의 마카롱

한주 씨의 제과점에서 가장 인기 있는 디저트는 마카롱이다. 아몬드가루나 코코넛가루, 달걀흰자, 설탕 등을 넣어 만든 프랑스의 대표적인 디저트 중 하나다. 대부분의 손님은 한주 씨의 마카롱을 사기 위해 줄을 선다. '잇다제과'에서 파는 마카롱이라고 해서 '잇다롱'이라고도 부른다.

마카롱의 개당 가격은 1800원이다. 종류별로 맛보기 위해 몇 개 사면 1만 원은 우습게 넘는다. 모르는 사람은 비싸다고 생각할 수 있지만 이곳을 찾는 손님들은 오히려 싸다고 말한다. 한 대형 커피

프랜차이즈 매장에서 판매하는 마카롱은 개당 2500원 수준이다. 잇다제과를 찾은 사람들은 그곳 제품보다 가격은 30% 정도 저렴한데 맛은 훨씬 뛰어나다고 한결같이 말한다. 손님들이 수고비는 차치하고 교통비가 훨씬 더 나오는 남양주의 한적한 곳까지 찾아와 굳이 한주 씨의 마카롱을 사 가는 이유다.

마카롱은 다른 디저트에 대중적이지는 않다. 여전히 "간에 기별도 안 가는 작은 과자를 왜 그렇게 비싸게 주고 사 먹어야 하는지 모르겠다"고 말하는 사람도 있다. 그럼에도 한주 씨의 제과점 앞은 늘 문을 열기 전부터 긴 줄이 서 있다. 기다리던 문이 열려도 한 번에 들어갈 수 있는 인원은 열 명으로 제한돼 있다.

"손님들 중에는 들어와서 무얼 살지 고민하는 분도 있는데 사람이 너무 많으면 부담스럽잖아요. 편하게 고르시라고 열 명씩만 들어오게 하는 거예요."

이렇게 어렵게 마카롱을 산 손님들은 하나같이 "잇다제과의 마카롱을 먹고 나서 진짜 마카롱 맛을 알게 됐다"고 말한다.

마카롱은 크게 두 부분으로 구성된다. '코크'라고 불리는 겉면의 과자 부분과 과자 사이에 들어가는 크림 부분이다. 한주 씨의 마카롱 만들기는 이틀에 걸쳐 집중적으로 이뤄지는데, 첫째 날은 코크를 만들고 둘째 날은 크림을 만들어 코크에 올린 뒤 다른 코크로 덮는 작업을 한다. 오븐에서 굽는 일도 중요하다. 마카롱은 겉은 바삭

하면서도 속은 부드러운 식감을 내야 하는데, 이는 오븐의 가동 시간에 큰 영향을 받기 때문이다. 한주 씨도 이 과정에서 수개월간 시행착오를 거쳤다.

맛을 내기 위해서는 기술적인 부분과 정성도 중요하지만 가장 기본적인 것은 좋은 재료를 쓰는 것이다. 조금 더 비싸도 재료에 아낌없이 투자하는 것이 한주 씨의 철칙이다. 예컨대 한주 씨가 만드는 바닐라 마카롱에는 인공적인 바닐라향 대신 바닐라 씨앗이 들어간다. 바닐라 본연의 맛을 느낄 수 있도록 하기 위해서다.

아무리 바빠도 한주 씨는 매달 다른 콘셉트와 제철 재료로 만든 새로운 마카롱을 선보인다. 꾸준히 사랑받는 스테디셀러와 함께 신상품으로 구성한 6개짜리 '월간 마카롱 세트'는 늘 인기 상품이다. 화이트데이가 있는 3월에는 사탕바구니를 연상시키는 새콤달콤한 맛의 마카롱 선물 세트를 선보였다.

이 세트에는 바닐라, 솔티캐러멜, 밀크티 마카롱 같은 잇다제과의 스테디셀러와 함께 제철 딸기로 만든 크림이 들어간 '딸기우유 마카롱', 숙성 자두잼이 들어간 '자두 마카롱', 레몬크림에 체리젤리가 들어간 '체리레몬 마카롱'이 포함됐다. 이렇게 '월간 마카롱 세트'를 구입하면 6개의 다채로운 맛과 색상 그리고 계절의 풍미까지 즐길 수 있다.

"제철 과일이 당도가 높아 더 맛있잖아요. 덕분에 설탕을 적게 넣어도 되고요. 이렇게 신선한 과일을 넣어 마카롱을 만들면 손님들도 늘 새로운 것을 맛볼 수 있어 식상하지 않다고 좋아하시는 거 같아요."

젊은 여성이 주 고객인 디저트 가게는 페이스북, 인스타그램 등에 올라온 사진을 보고 찾아가는 경우가 많다. 때문에 맛과 가격뿐만 아니라 모양, 색상, 담음새 같은 비주얼적인 요소도 중요하다.

"처음 가게를 열었을 때 어떻게 하면 다른 곳과 차별화할 수 있을까 고민했죠. 그래서 여러 가지 컬러가 첨가된 마블 마카롱을 만들었어요. 다른 곳에서는 볼 수 없는 마카롱이다 보니 신기해하는 분이 많으셨어요."

색색깔의 화려한 색감이 돋보이는 마카롱 사진은 페이스북, 인스타그램 등을 타고 유명해졌다. 가게를 찾는 손님이 많아진 것은 당연한 일이다.

간판 없는 대박 매장

한주 씨가 외진 곳에서 간판도 없이 영업하는 방식은 아버지 덕현 씨에게 배운 것이다. 덕현 씨가 운영하는 '광릉불고기'는 한주 씨의 제과점에서 1km 남짓 떨어진 곳에 있다. 한주 씨 가게와 마찬가지로 지나가다 우연히 발견해 들어가는 음식점이 아니라 목적성을 가지고 일부러 찾아가야 하는 곳이다. '광릉불고기' 역시 간판이 따로 없다. 덕현 씨는 이곳에서 15년 동안 숯불고기 전문점을 운영해왔다. 사람들은 이곳에 차를 몰고 와서 길게는 1시간 정도 기다렸다 식사를 한다. 그래도 불평하는 손님은 거의 없다.

"맛이 항상 그대로예요.""고기 양이 많아서 푸짐하게 먹을 수 있어요.""집에서 정성껏 만든 음식을 대접받는 느낌이에요""반찬과 쌈을 무한정으로 먹을 수 있어서 좋아요."

많은 손님이 덕현 씨 매장을 찾는 이유다. 이곳에서는 1인당 1만 원이면 200g의 돼지 숯불고기 백반을 먹을 수 있다. 반찬은 10가지 넘게 제공되고 고기를 제외한 모든 반찬은 셀프 방식으로 계속 가져다 먹을 수 있다. 맛있는 숯불고기를 부담없이 먹을 수 있으니 인기가 많다.

그런데 이곳에서는 손님 테이블에서 고기를 굽지 않는다. 미리 주방에서 구워져서 나온다. 손님 입장에서는 고기를 직접 굽는 수고와 불편을 덜 수 있어 좋고 음식점 입장에서는 손님이 고기를 굽는 시간이 줄어들어 테이블 회전율이 높아진다. 그리고 이로 인해 가게 매출이 올라간다.

가격이 싼 대신 먹는 중간에 고기를 추가로 주문할 수 없고 주류 판매도 2인당 1병으로 제한돼 있다. 추가 주문이나 음주로 식사 시간이 길어지면 줄서 있는 손님들의 대기 시간이 늘어나고 테이블 회전율이 떨어지기 때문이다.

덕현 씨는 불고기 양념 재료로 설탕, 마늘, 참기름, 간장, 후춧가루 다섯 가지만 사용한다. 남들이 볼 때는 '별거 없네' 할지 몰라도 중요한 것은 비율이다. 양념 재료는 공개할 수 있어도 그 비율은 밝힐 수 없다고 덕현 씨는 말한다.

매일 아침 신선한 고기가 들어오면 열 근씩 나눠 양념에 버무리듯 재워둔다. 부드러운 목살과 전지살을 얇게 썰어 사용하기 때문에 군이 전날 고기를 재워놓을 필요가 없는 것이다.

"양념에 버무린 고기는 바로 냉장고에 넣어 보관했다가 당일 구워져 손님상으로 나가는 거죠."

박리다매 vs 고급 재료로 한정 판매

주방에서 고기를 구울 때도 덕현 씨 매장만의 노하우가 따로 있다. 3단계로 고기를 구워내는 것이다. 이를 위해 주방에는 숯불 화구가 3곳 마련돼 있고 이를 담당하는 직원이 한 명씩 있다. 첫 번째 화구에서는 살짝 언 고기를 센 불에서 확 익혀준다. 두 번째 화구에서는 고기를 골고루 익히는 과정을 거친다. 세 번째 화구에서는 고기에 숯불 맛을 배가하고 윤기를 돋운다. 이렇게 분업화된 과정을 통해서 작업 생산성이 높아지고 고기의 풍미도 한층 좋아지게 된다. 3단계를 거쳐 맛있게 구워진 숯불고기는 10가지가 넘는 반찬과 함께 제공된다. 덕현 씨가 고기 담당이라면 반찬 담당은 아내 성란 씨다. 매일 들여오는 신선한 채소로 성란 씨가 직원들과 함께 그날 그날의 반찬을 직접 조리한다.

덕현 씨 매장은 연 매출이 20억 원이 넘는다. 하루 매출만 1500만 원에 달한 적도 있다. 엄청난 매출을 올리는 만큼 매장도 정신없이 바쁠 것 같지만 의외로 덕현 씨가 관여하는 부분은 별로 없다. 직원들의 역할이 잘 분담돼 하나의 시스템처럼 움직이기 때문이다.

먼저 주문받는 곳에서는 빈 테이블을 체크해 대기하고 있던 손님을 바로바로 안내한다. 손님의 주문 내용은 주방으로 자동 전달된다. 주방은 고기 팀, 반찬 팀, 찌개 팀으로 나뉘어 있다. 각 팀별로

주방에 있는 숯불 화구 3곳에서 단계별로 구워진 고기가 손님 테이블로 나간다. 직원들의 역할이 잘 분담돼 하나의 시스템처럼 움직이는 것이 이곳의 특징(오른쪽).

주문 내용을 확인해 음식을 준비한 다음 운반용 수레에 올려놓으면 홀 담당 직원이 이를 해당 테이블로 나른다. 이렇게 일사분란하게 호흡을 맞춰 일하기 때문에 덕현 씨가 일일이 지시하고 간섭할 필요가 없는 것이다.

"직원들을 믿는 거죠. 이제는 저보다 더 잘하는 걸요."

그는 무엇보다 직원들의 퇴근 시간만큼은 철저하게 지켜준다. 이를 위해 주문은 저녁 8시 10분까지만 받고 영업이 끝나는 9시에는 반드시 직원들을 퇴근시킨다. 또 손님이 많아서 직원들이 고생한 날은 보너스를 챙겨준다.

"매장 이익이 늘어날수록 직원들과 조금이라도 나눠야죠. 제게 직원들은 늘 고마운 존재입니다."

아버지와 딸, 두 사람 모두 대박 매장을 운영하고 있지만 그 방식에는 큰 차이점이 있다. 덕현 씨는 박리다매 방식으로 영업한다. 개당 이익은 좀 줄이더라도 가격을 낮춰 많은 양을 판매함으로써 전체 수익을 극대화하는 방식이다. 하지만 이 방식은 규모와 자본력에서 열세에 있는 초기 단계의 자영업자가 배워서 따라 하기에는 무리가 있다. 더욱이 불황에다 경쟁마저 극심해지면서 가격 할인과 가격 파괴가 일상화되는 요즘 같은 시기에는 가격을 낮춘다고 반드시 많이 판매할 수 있는 것도 아니다.

반면 한주 씨는 가격보다는 상품의 품질 경쟁력을 강조한다. 상품의 품질을 통해서 고객 수요를 만들어내는 방법이다. 결국 장사가 잘 된다는 말은 고객 수요가 많다는 뜻이고, 손님이 '줄을 선다'는 말은 '공급 대비 수요가 더 많다'는 뜻이다. 한주 씨의 매장 앞에 손님들이 줄을 서는 것은 결국 매장에서 만드는 상품보다 이를 사려는 사람이 더 많다는 의미다. 한주 씨는 자신만의 고객 수요를 창출해낸 것이다. 한주 씨는 당장은 공급량이 적더라도 자신만의 충실한 수요를 만들어내는 방식으로 영업한다. 그리고 이렇게 창출된 수요를 점차 확장시켜 나가는 전략을 취하고 있다. 최근 성공하는 젊은 창업자들은 박리다매가 아니라 이처럼 '틈새 확장 전략'을 따르는 경우가 많다.

아버지와 딸은 홍보 방식도 다르다. 덕현 씨는 "저는 특별한 홍보를 하지 않고 장사했어요. 손님들의 입소문 그리고 '간판 없는 식당'이라는 이야깃거리를 만들어낸 게 전부죠"라고 말한다.

하지만 한주 씨는 신세대답게 블로그, 인스타그램 등을 적극적으로 활용한다. 한주 씨는 "저는 SNS에 글과 사진을 많이 올리는 편이에요. 손님들은 저희가 올린 공지를 쉽게 확인할 수 있으니 편리하고, 저희는 새로운 메뉴를 바로 소개할 수 있으니 좋아요."

덕현 씨가 사업 초기 '오프라인'에서 손님들의 자발적인 입소문에 의존하는 식이었다면, 한주 씨는 '온라인'에서 손님들과 소통한다. 이미 한주 씨의 인스타그램 팔로워 수는 4만 명에 육박한다. 이처럼 홍보 방식에는 차이가 있을지 모르지만 홍보의 본질적인 측면을 살펴보면 공통점이 있다.

"장사라는 게 처음에는 팔려고 노력하지만 나중에는 고객이 오게끔 만들어야 돼요. 우리 딸도 그런 것을 잘하는 것 같아요. 처음에는 나가서 손님들에게 팔고 지금은 손님들이 찾아와서 사가는 방식이죠."

덕현 씨와 한주 씨가 사업을 '단계적으로 확장'시켜 나갔다는 것도 공통점이다. 덕현 씨는 IMF 당시 운영하던 식당이 한순간에 무너지면서 거리로 내몰렸다. 결국 그는 노점에서 과일부터 막걸리까지 닥치는 대로 팔면서 하루 24시간이 모자랄 정도로 뛰어다녔다. 노점상으로 가족의 생계를 책임지던 그때 그는 갑작스러운 교통사고로 병원 신세를 지게 됐다. 맛없는 병원 음식으로 힘들어하던 덕현 씨에게 아내는 고기를 구워다 주었다. 이날 덕현 씨는 '식어도 맛있는 숯불고기라면 배달 판매를 해도 성공할 수 있겠다'는 생각을 하게 됐다. 퇴원 후 덕현 씨는 숯불고기 배달 전문점을 열었는데 맛있다는 소문이 나면서 주문이 줄을 이었다.

이에 매장 안에서도 식사를 할 수 있게 해달라는 손님들의 요구가 늘어났고 그렇게 테이블이 하나둘씩 늘면서 오늘날의 대박 가게를 일구게 된 것이다.

한주 씨도 처음부터 제과점을 본격적으로 운영할 생각은 아니었다. 대학 시절, 선물용으로 만들었던 마카롱이 친구들에게 큰 호응을 얻으면서 용돈 벌이 삼아 벼룩시장으로 나간 것이 장사의 시작이었다. 결국 가겟세가 저렴한 곳에 작은 작업실 겸 매장을 열었고 이곳이 일부러 손님들이 찾아올 정도로 좋은 반응을 얻자 현재의 위치로 확장해 이전한 것이다.

성공 비결을 묻는 사람들에게 덕현 씨와 한주 씨가 공통적으로 하는 말이 있다. "장사에서 성공하려면 '무엇을' 파느냐보다 '어떻게' 파느냐가 더 중요하다"는 것이다. 숯불고기집이지만 일반 가게처럼 테이블에서 고기를 굽는 방식도 아니고, 제과점이지만 빵 종류를 다양하게 갖추거나 아침부터 저녁까지 문을 여는 것도 아니다. 불고기와 디저트라는 특별하지 않은 아이템이지만 자신들만의 방식으로 성공 스토리를 만들어낸 것이다.

불고기 갑부 아빠와 제과점 딸의 차이점과 공통점

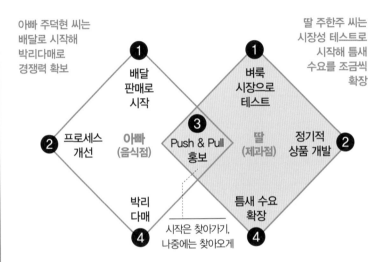

아빠 주덕현 씨는 배달로 시작해 박리다매로 경쟁력 확보

딸 주한주 씨는 시장성 테스트로 시작해 틈새 수요를 조금씩 확장

❶ 배달 판매로 시작

❷ 프로세스 개선

아빠 (음식점)

❸ Push & Pull 홍보

박리 다매

❹

시작은 찾아가기, 나중에는 찾아오게

❶ 벼룩 시장으로 테스트

딸 (제과점)

❷ 정기적 상품 개발

틈새 수요 확장

❹

이것만은 꼭! 한 줄 성공 비법

● 홍보의 기본은 처음엔 팔려고 다가가고 나중엔 사러 오게끔 만드는 것 이다.

● 품질과 생산성을 높일 수 있도록 프로세스를 혁신하라.

● 영업시간과 매출이 정비례하는 것은 아니다.

● 정기적인 신상품 개발을 고객에게 약속하고 실행하라.

● 소자본 창업의 경우 박리다매가 아닌 틈새 수요를 확장시키는 전략이 더 효과적일 수 있다.

상호 •	광릉불고기
대표자 •	주덕현
주소 •	경기도 남양주시 진접읍 광릉내로82번길 40-1
영업시간 •	오전 11시~오후 8시 10분(주문 마감), 오후 9시 종료
정기휴일 •	매주 월요일
점포 면적 •	약 100평

광릉불고기 연 매출
(제작진 추산)

평일 평균 매출 300만 원
주말 평균 매출 1000만 원

약 20억 원 +α

상호 • 잇다제과
대표자 • 주한주
주소 • 경기도 남양주시 진접읍 광릉내로 12 101호
영업시간 • 오후 2~7시(목, 금, 토요일)
정기휴일 • 영업시간 외 휴무
점포 면적 • 약 30평

잇다제과 일 매출
(제작진 추산)

하루 매출 173만1500원
*가게 확장이전 전

서민갑부
PART 3

아이디어로 승부하는 틈새 창업

글씨 파는 남자 이병삼 •

물망초 수예 정문호 •

반품마트 박종관 •

경매달인 안정일 •

소울크린 김선민, 김지혜 부부 •

공주밥차 박해성 •

꿈엔들 박건영, 서정희 부부 •

꾸준함으로
이룬 꿈

글씨 파는 남자 이병삼

화가를 꿈꾸던 가난한 청년은
운명처럼 손글씨 POP를 만난 후
인생이 180도 달라졌다.
10년간 쉼 없이 달려 마침내 꿈을 이룬
한 남자의 원더풀 라이프.

가난 때문에 일찍 철든 아이

남녀 누구나 할 수 있고 나이에도 구애받지 않는다. 주부들이 집안 일을 하면서 혹은 아이를 돌보면서 틈틈이 하기에도 좋다. 잘만 하면 평생 직업이 될 수도 있다. 창업 시 투자비용은 20만 원 남짓. 열심히 하면 고수익도 가능하다. 누구나 들으면 혹할 만한 이 창업 아이템이 바로 손글씨 광고물인 POP를 제작하는 일이다.

요즘 매장에 가면 '시원한 팥빙수 5000원' '여름 바캉스 50% 세일' '아메리카노 1+1 이벤트'처럼 예쁜 손글씨로 쓴 광고물을 흔히 볼 수 있다. "주인이 직접 써서 붙인 건가?"라고 생각할 수도 있지만 이 일만 전문적으로 하는 사람들이 있다. 그리고 이런 손글씨 광고물을 만들어주고 돈을 버는 서민갑부가 있다. 손글씨 디자이너, 이병삼(45) 씨다. 병삼 씨는 사회 초년병 시설 온갖 고생을 하다 손글씨 POP를 만나면서 새로운 인생을 살게 됐다.

병삼 씨의 유년 시설은 늘 가난했다. 아버지가 일찍 돌아가신 탓에 혼자 자식 뒷바라지를 해야 했던 어머니는 시장에서 버려진 생선 대가리를 얻어와 밥상을 차렸다. 그리고 이를 위해 생선 가게 사장님께 연신 허리를 굽히며 인사하는 어머니의 모습을 지켜보는 병삼 씨의 마음에는 죽을 때까지 잊을 수 없는 가시 하나가 박혔다. 어머니가 짊어진 삶의 고단함을 알기에 그는 그 흔한 반찬 투정 한 번 부릴 수 없었다.

다른 아이들보다 일찍 철이 든 병삼 씨는 중학교만 졸업하면 무조건 돈을 벌겠다고 결심했다. 그의 인생 목표는 지긋지긋한 가난에서 벗어나는 것이었다. 이를 위해 그는 열일곱 어린 나이에 무작정 서울로 올라왔다. 하지만 가진 것도, 배운 것도 없는 그가 낯선 곳에서 적응하며 살아가기란 쉽지 않았다. 당장 주머니에 한푼도 없어서 굶는 날이 많았다. 배고픔을 참다못해 길거리에서 구걸하기도 했다.

"며칠간 아무것도 못 먹다 보니 자존심 같은 건 생각할 수도 없었죠."

그때 병삼 씨는 어머니 생각이 났다. 자식들을 위해 생선 대가리를 구걸하던 어머니의 마음이 이랬을까 싶었다.

화가 꿈꿨던 청년에게 운명처럼 찾아온 일

병삼 씨는 돈을 벌기 위해 20개가 넘는 직업을 전전했다. 하지만 돈은 쉽게 벌리지 않았다.

"그땐 무조건 돈을 벌어야겠다는 생각뿐이었죠. 그래서 하루도 쉬지 않고 일했어요. 뭔가를 해보려고 무진장 노력했는데 잘 안 되더라고요. 모든 일이 안 풀렸어요. 그때 '내 인생은 왜 이럴까? 왜 이렇게 되는 일이 없을까?'라며 자책하곤 했죠."

그런 그의 인생을 바꿀 기회가 거짓말처럼 찾아왔다. 병삼 씨가 한 휴대전화 대리점에서 일할 때였다. 어느 날 사장님이 병삼 씨를 불렀다. 커다란 종이를 주면서 거기에 '최신 휴대전화 공짜! 선착순 10명'이라는 글씨를 써보라고 했다.

어릴 때 화가를 꿈꿨지만 집안 형편상 제대로 된 미술 교육을 받은 적이 없었던 병삼 씨는 그날 운명처럼 붓과 물감을 마주했다. 그러고는 정성을 다해 글씨를 썼다. 그의 글씨를 본 사장님은 상당히 만족해하며 매장 앞의 커다란 유리창에 붙였다. 손글씨로 쓴 홍보 문구가 그리 큰 효과가 있을까 싶었지만 예상외로 많은 손님이 그의 손글씨에 이끌려 매장을 찾았다. 손글씨의 홍보 효과를 톡톡히 본 사장님은 그 뒤로 계속 그에게 POP를 부탁했다.

그가 손글씨를 잘 쓴다는 소문이 나면서 하루는 이웃 가게의 사장님이 찾아왔다. 그는 병삼 씨에게 손글씨를 부탁하며 만약 써준다면 사례를 하겠다고 했다. 손글씨가 돈이 된다는 사실에 병삼 씨는 깜짝 놀랐다.

"그 말을 듣는데 가슴이 뛰더라고요. 그러면서 '그래 이거다! 이거야! 이게 내가 찾던 평생 직업이야'라고 생각했어요. 그리고 '이일에 목숨을 걸겠다'라는 각오로 과감하게 모든 일을 정리했어요."

병삼 씨는 그날 운명처럼 자신이 하고 싶은 일을 찾았다.

비용 대비 광고 효과 높아 인기

POP는 'Point of Purchase Advertising'의 약자다. '구매 시점 광고'라는 뜻이다. 일반적으로 광고 하면 TV나 신문, 잡지처럼 매스컴을 통한 광고를 떠올리기 쉽다. 이런 매스컴 광고는 당장 그 자리에서 구매하려는 고객을 대상으로 하는 것이 아니다. 이에 반해 POP는 주로 매장 앞이나 제품 주변에 설치해 현장 구매를 유도한다는 점이 다르다. 이런 POP는 컴퓨터로 출력한 것보다 손글씨로 쓴 것이 더 눈길을 끌게 마련이다.

만약 누군가에게 고백하기 위해 '전 오랫동안 당신을 정말 좋아해왔습니다'라는 내용의 편지를 보낸다고 가정해보자. 컴퓨터로 출력해 보낸다면 십중팔구 스팸 메일로 오해받을 것이다. 하지만 정성 들인 손글씨라면 다르다. 광고도 넓은 의미의 구애 활동이다. 고객의 눈길을 사로잡고 마음에 호소할 수 있어야 한다. 이런 이유로 자영업에서 효과적인 POP는 컴퓨터가 아닌 손글씨로 쓴 것이다. 병삼 씨처럼 예쁜 손글씨로 POP를 작성하는 사람들에 대한 수요가 존재하는 이유다.

실제 자영업 매장에서 손글씨 POP가 효과가 있는지 알아보기 위해 〈서민갑부〉 방송제작팀에서 간단한 실험을 해보았다. 그 결과 POP가 부착돼 있지 않은 경우 사람들의 시선은 주로 정면을 향했다. 그런데 제품 양옆에 POP를 부착했더니 시선이 자연스럽게 그쪽을 향하는 것을 확인할 수 있었다. 이에 대해 실험을 진행한 한 전문가는 "화려한 색깔과 큰 글씨로 예쁘게 장식된 POP의 경우 사

손글씨 POP 효과를 알아보기 위한 실험 결과. POP가 부착돼 있지 않은 경우 사람들의 시선은 주로 정면을 향했지만 제품 옆에 POP가 있는 경우 시선이 자연스럽게 그쪽을 향했다.

람들의 시선을 끌고 이는 해당 제품의 구매로 이어질 가능성이 높다"라고 평가했다.

손글씨 POP는 제작비용도 저렴해 자영업자의 입장에서는 크게 부담이 가지 않으면서 구매율을 높일 수 있는 효과적인 홍보 방법이다.

디자이너에게도 영업이 필수

그렇다면 병삼 씨 같은 POP 디자이너에게 일을 맡긴다면 비용은 얼마나 들까. 일반 종이에 작업할 경우 4절지는 2만5000원, 8절지는 1만5000원 수준이다. 병삼 씨의 경우 8절지 크기의 간단한 POP를 완성하는 데 10분 정도 걸린다. 8절지를 기준으로 하루 1시간 작업하면 9만 원, 하루 8시간 작업하면 72만 원까지 벌 수 있다. 한 달이면 무려 2000만 원이 넘는 액수다. 물론 계속 일감이 있다는 전제하에 계산한 것이다.

창업 아이템으로 POP의 가장 큰 매력 중 하나는 재료비가 거의 들지 않는다는 점이다. 종이와 필기류 등이 주로 사용되고 기타 재료를 사용한다 해도 재료비 비중이 높지 않다.

"재료비는 10% 이하예요. 나머지 90%는 순수한 기술력이죠. 자신의 손기술로 벌어들이는 인건비 수익이죠."

병삼 씨의 경우 매달 차이가 있지만 월 700만 원 정도 매출을 올린다. 그렇게 1년이면 8400만 원 정도를 벌어들이는 셈이다. 다른 자영업과 달리 재료비 비중이 낮기 때문에 매출 대비 수익이 큰 편이다.

초기 투자비용도 크지 않고 재료비 비중도 높지 않기 때문에 누구나 창업하면 잘될 것 같지만 현실은 그렇게 만만치 않다. 실제로는 수익을 내지 못해 고전하고 있는 이들이 상당수다. 이런 이유로 병삼 씨는 실력도 물론 뒷받침돼야 하지만 그보다 영업력이 중요하다고 강조한다.

"아무리 글씨를 예쁘게 잘 써도 이를 아는 사람이 없으면 무용지물이잖아요. 그래서 실력도 실력이지만 내가 잘 쓴다는 걸 많은 사람에게 알리는 게 중요해요. '아, 손글씨 POP는 저 사람에게 맡겨야겠다'라고 떠올릴 수 있게 하는 것. 그래서 영업이 필요한 거죠."

병삼 씨도 초반에는 상당히 고전했다. 손글씨 POP를 자신의 평생 직업으로 삼고 일을 시작했지만 처음에는 무엇부터 어떻게 해야 할지 앞이 캄캄했다. 그때 병삼 씨가 생각한 것이 바로 인터넷 카페를 통한 자기 PR였다. 그는 인터넷 카페를 운영하면서 자신의 작품을 꾸준히 올렸다.

"처음에는 가게 자리도 안 좋고 홍보도 덜 돼 있다 보니 일감이 없었어요. 그래서 하루 6시간씩 작업한 걸 계속 인터넷에 올렸던 거 같아요. 그렇게 1년 동안 작업하면서 홍보하다 보니 서서히 주문이 늘고 강의 의뢰도 들어오더라고요. 덕분에 본격적으로 활동하게 됐죠."

지금은 정상 궤도에 올랐지만 병삼 씨는 여전히 "이 일은 영업이 1순위"라고 말한다. 이를 위해 그는 이제 오프라인까지 홍보의 반경을 넓혔다.

그는 시간이 날 때마다 매장 앞에 나가 책상을 하나 놓고 작은 이벤트를 벌인다. 지역 주민들에게 '예쁜 공주님방' '엄마 아빠 사랑해요' '행복한 우리집' 등의 글씨를 써서 무료로 나눠주는 것이다. 손글씨 POP 매장이 이곳에 있다는 사실을 몰랐던 지역주민들에게 확실한 눈도장을 찍기 위한 그만의 홍보 방법이다.

꾸준함이 비범함 만든다

영업력의 본질은 PUSH(밀기)가 아닌 PULL(당기기)이다. 하수는 밀지만 고수는 당긴다. 고객이 직접 찾아오게 만든다. 그러기 위해서는 자신만의 필살기가 있어야 한다.

병삼 씨 역시 손글씨 POP 사업을 시작한 초기에는 특별히 내세울 만한 특기가 없었다. 게다가 경쟁자는 많았고 고객의 요구는 다양했다. 이를 해결하기 위해 자신이 잘할 수 있는 것을 찾아야 했다.

"당시에는 무조건 돈을 벌어야 했기 때문에 들어오는 일을 가리지 않고 다 받았어요. 고객이 원하면 제가 할 수 있는 일이든 아니든 일단 'YES'부터 외쳤죠. 어떻게 만들지는 그다음부터 연구했어요. 나무에 직접 손글씨를 쓰는 것부터 초크아트(칠판에 분필로 글씨나 그림을 그려 장식하는 것) 그리고 유리창에 글씨를 쓰는 일까지 다양한 현장 작업을 하다 보니 POP와 관련된 웬만한 일은 다 소화할 수 있게 된 것 같아요. 그래서 나중에는 홍보 조형물까지 제작할 수 있었고요. 제 성공 비결은 일을 가리거나 두려워하지 않았다는 거예요. 그러면서 스스로를 발전시켰던 것 같습니다."

일을 겁내지 않는 사람이 실력도 빨리 늘게 마련이다. 물론 그 과정에서 많은 어려움을 겪고 좌절할 수도 있다. 하지만 강철은 그렇게 단련된다. 일을 두려워하지 않고 어려움이 닥쳐도 오히려 해내겠다는 오기가 생긴다면 그건 바로 적성에 맞는 일을 찾았다는 뜻이다. 병삼 씨도 지난 10년간 다양한 도전을 소화하며 경력을 하나하나 쌓아왔고 이것이 성공의 밑거름이 됐다.

"어려운 와중에도 이만큼 성공할 수 있었던 비결은 중간에 포기하지 않았다는 거예요. 그 꾸준함 속에서 중간중간 기회가 찾아왔던 거죠."

좌절로 시작한 사회생활이었지만 어려움 속에서도 계속 도전하고 꾸준히 노력하는 것이 그의 인생을 비범하게 바꾸고 있다.

손글씨 갑부 이병삼 씨의
POP 영업 노하우

POP 전문가의 핵심 성공 요인은 영업력

손글씨 POP의 기대 효과

- POP는 매장에서 사용하는 디스플레이 형태의 광고물로 충동구매와 구매율 제고 유도
- 재료비의 비중은 크지 않음
- 적은 투자 비용으로 쉽게 할 수 있음

영업력 높이기

- 누구나 할 수 있는 일은 영업력에서 성패
- 인터넷 카페를 통한 홍보
- 온라인을 통한 노출 효과
- 오프라인 매장 앞 이벤트
- 고객 요구 수용을 통한 점진적 기술 분야 확대
- 영업의 고수는 밀지 않고 당긴다

이것만은 꼭! 한 줄 성공 비법

- 어려운 도전을 마주해도 두려움보다 해내겠다는 오기가 생긴다면 적성에 맞는 일을 찾은 것이다.
- POP는 고객의 시선을 사로잡아 구매율을 높이는 것이 핵심이다.
- 누구나 할 수 있는 수준의 일이라면 성패는 영업력에서 갈린다.
- 고객의 다양하고 까다로운 요구는 기술의 수준과 분야를 넓힐 수 있는 기회다.

상호 • 글씨 파는 남자
대표자 • 이병삼
주소 • 서울시 성북구 오패산로 98–23 1층
영업시간 • 오전 10시~오후 10시
정기휴일 • 없음
점포 면적 • 약 25평

글씨 파는 남자 연 매출
(제작진 추산)

8절지 POP 1만5000원
4절지 POP 2만5000원
월 매출 약 700만 원

약 8400만 원

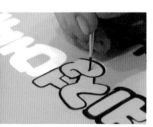

뜨개질로
홈런 친 사나이

물망초 수예 정문호

갑작스러운 사고로
야구 선수의 꿈을 접어야만 했던 청년.
그가 야구방망이 대신
잡은 것은 실과 바늘이었다.

야구방망이 대신 바늘 잡은 남자

대한민국에서 가장 땅값이 비싸기로 유명한 서울의 명동. 이 금싸라기 땅에 현 시세로 약 25억 원에 달하는 건물을 가진 서민갑부가 있다. 그의 매장을 찾는 고객은 대부분 주부다. 사업 아이템도 트렌디하지 않다. 요즘처럼 예쁘고 싼 니트 제품이 대량으로 쏟아져 나오는 세상에 지극히 아날로그적인 뜨개질로 모두가 부러워하는 건물주가 됐다. 뜨개질 하는 남자, 정문호(52) 씨가 그 주인공이다.

많은 이가 문호 씨에게 던지는 질문이 있다. "뜨개질이 돈이 되나요?" 이에 대한 문호 씨의 대답은 언제나 "네, 돈이 됩니다"다. 여성의 전유물로 생각해왔던 뜨개질을 남자인 문호 씨가 하게 된 계기는 무엇일까. 어떻게 뜨개질로 지금처럼 큰 자산을 축적하게 됐을까.

문호 씨는 학창 시절 야구 선수였다. 부산에서 어릴 때부터 야구를 했고 야구 선수가 아니면 다른 길은 생각도 하지 않고 달려왔다. 동아대 재학 시절에는 우익수로 이름을 날리기도 했다. 하지만 갑작스러운 사고가 그의 인생을 바꿔놓았다.

"1989년 대학 4학년 때 서울에 왔다가 부산으로 내려가는 열차에서 떨어졌습니다. 당시 누군가가 열차 문을 열어놓았는데 화장실 갔다가 밖으로 튕겨져 나간 거죠."

사고 후 그는 한참 동안 혼수 상태였다. 그리고 깨어났을 땐 패혈증으로 왼쪽 다리의 일부분이 절단돼 있었다. 한순간에 일어난 잔인한 사고는 그의 꿈도 앗아갔다.

"저는 운동장을 뛰어다니는 선수였는데, 사고 이후 의족을 이용하지 않으면 걸어 다닐 수조차 없는 사람이 돼버렸으니……. 공허하고 뭐라 표현할 수 없는 절망감을 느꼈죠."

스물일곱이라는 젊은 나이에 닥친 불의의 사고는 문호 씨의 몸과 마음을 세상과 단절시켜버렸다.

"퇴원해서도 매일 집에만 있으니까 우울했죠. 원래 쾌활하고 말도 많은 편이었는데 병원에서만 꼬박 1년 반, 집으로 돌아와서도 1년 동안 외출을 거의 하지 않고 지내면서 말수가 줄어들었죠. 말을 안 한다고 할까, 못 한다고 할까, 그런 시기였습니다."

1993년 문호 씨 가족은 부산에서 서울로 올라왔다. 뜨개질에 남다른 솜씨가 있던 문호 씨 어머니 정자 씨는 명동 회현지하쇼핑센터에 '물망초 수예'라는 뜨개질 매장을 열었다. 문호 씨는 아무 생각 없이 그저 어머니 매장의 '셔터맨'으로 왔다 갔다 하며 2년이란 시간을 보냈다. 그러던 어느 날 색다른 광경을 보게 됐다. 무대 의상을 만든다는 한 남자가 어머니 옆에서 열심히 뜨개질을 배우는 것이었다. 그때 문호 씨는 처음으로 '내가 왜 이걸 배울 생각을 못했지?' 하며 뜨개질을 시험 삼아 시작했다. 그런데 생각보다 재미있었다.

"별 생각 없이 한번 해봤는데 어머니 손재주를 물려받아서인지 적성에 딱 맞더라고요. 제가 과거에 야구 선수였잖아요. 야구라는 운동이 상당한 집중력을 요하거든요. 그런데 뜨개질도 그에 못지않은 집중력이 필요하더라고요. 잠시 한눈을 팔다 코를 빠뜨리기라도 하면 전부 풀고 처음부터 떠야 하니까요. 그런데도 막상 해보니 '나한테도 이런 재능이 있었네' 하는 생각이 들면서 저도 모르게 그 세계에 푹 빠져들었습니다."

어머니에게 배운 뜨개질은 문호 씨를 세상 밖으로 다시 이끌었다. 뜨개질을 하면서 마음의 안정도 찾아가기 시작했다. 그의 인생이 새롭게 태어나는 순간이었다.

직업의 편견을 깨다

문호 씨의 뜨개질 실력은 빠르게 성장했다. 그가 만든 뜨개질 손가방은 문 앞에 걸어두기가 무섭게 팔려나갔다. 한 달 동안 100개가 팔리기도 했다. 하지만 남자인 문호 씨가 뜨개질하는 것을 마뜩잖게 생각하는 사람들도 있었다. 그럴수록 문호 씨는 용기를 냈다.

"다치고 보니까 몸이 불편한 사람이 할 수 있는 일이 그리 많지 않더라고요. 그런데 뜨개질 덕분에 일도 하고 돈도 벌게 됐으니 남들 시선 따위는 아무런 문제가 되지 않았어요."

자신이 하는 일에 자부심을 갖지 못한 채 그 일을 잘하기란 어렵다. 남들이 뭐라 하든 스스로가 그 일에 자부심을 갖고 최선을 다한다면 언젠가 최고의 자리에 오를 수 있다. 그렇게 그 분야의 1인자가 된다면 사람들의 시선도 당연히 바뀌게 된다.

'물망초 수예'에는 매장 입구부터 문호 씨와 어머니가 직접 떠서 만든 다양한 뜨개질 상품이 전시돼 있다. 가격은 공장에서 대량 생산되는 기성품보다 비싼 편이다. 어떤 실로 뜨개질했는가에 따라 가격이 정해지는데 몇천 원에서 몇십 만원까지 다양하다.

"말 그대로 한 땀 한 땀 뜨다 보니 기성품보다 시간이 훨씬 오래 걸립니다. 작품을 하나 완성하는 데 길게는 보름씩 걸리기도 하니까, 그 시간과 노력을 계산한다면 비싼 게 아니죠."

매장을 찾는 고객들 역시 손으로 만든 상품만이 가진 매력 때문에 구매한다. 부모님께 선물하기 위해 목도리를 구입했다는 청년도 '사람의 정성이 들어가 있는 점'을 높이 평가했다.

손뜨개로 만들 수 있는 제품은 옷부터 가방, 액세서리까지 다양하다. 다른 소재와 매치해 기성 제품에서는 전혀 볼 수 없는 색다른 제품을 만들어낼 수도 있다. 가죽에 뜨개질을 더해 지갑을 만드는 것이 그것이다. 영화 〈뷰티인사이드〉에 소개돼 인기를 얻은 실반지도 문호 씨 매장에서는 원하는 색상으로 2분 만에 완성할 수 있다. 60년 동안 뜨개질을 해온 문호 씨 어머니는 다른 분야와 마찬가지로 뜨개질도 연구개발이 중요하다고 강조한다.

"새로운 제품을 계속 만들어야 사람들이 신기해서 오겠죠. 어디에도 없는 것, 아무 곳에서나 살 수 없는 것, 나만의 작품을 만들 수 있는 것. 그것이 바로 수공예의 가장 큰 장점이에요."

진짜 매출은 실에서 나온다

뜨개질 매장에서 중요한 매출 수단은 손뜨개 '작품'이 아니다. 물망초 수예에서도 문호 씨와 어머니가 직접 손으로 뜬 작품을 판매하고 있지만, 이것에만 의지해 매출을 올리는 것은 한계가 있다. 작품 하나를 만드는 데 시간이 많이 걸리기 때문이다. 그렇다고 무작정 비싸게 팔기도 현실적으로 어렵다.

그렇다면 이곳의 중요한 매출 수단은 무엇일까. 바로 뜨개질 '실'이다. 실은 뜨개질 작품처럼 만드는 시간에 제약을 받는 것이 아니어서 판매량을 늘릴 수만 있다면 얼마든지 높은 매출을 올릴 수 있다.

요즘 일부 매장에서는 뜨개질 실은 판매해도 작품은 판매하지 않는 곳도 있다. 그럼에도 문호 씨가 여전히 매장에서 뜨개질 '작품'을 전시 판매하는 것은 사실상 '실'을 팔기 위한 마케팅 수단이다. 문호 씨도 이 점을 강조한다.

"제가 오늘 입고 있는 옷도 제 손으로 직접 뜬 작품이에요. 사람들이 제 옷을 보고 같은 실을 달라고 해 사 가는 경우가 많거든요. 일종의 홍보수단이죠. 실을 많이 팔기 위해 작품을 예쁘게 만드는 겁니다. 실은 종류가 다양하고 단가가 높은 것도 많아서 몇 개만 팔아도 100만 원이 훌쩍 넘기도 해요."

결국 좋은 작품을 많이 만들어 전시함으로써 고객이 직접 뜨개질하고 싶은 욕구를 불러일으키고 이것이 실 구매로 이어지는 것이다.

실 판매가 많아지려면 당연히 뜨개질하는 사람의 수가 늘어야 한다. 이를 위한 가장 좋은 방법은 바로 강습이다. 뜨개질 하는 법을 가르쳐줘서 이를 하는 사람이 많아져야 실에 대한 수요도 올라간다. 수강생 규모가 실 판매량과 직결되는 것이다. 때문에 요즘에는 무료로 뜨개질을 가르쳐주는 매장도 많다. 문호 씨는 이미 1990년대 후반부터 어머니와 함께 본격적인 뜨개질 강습에 나섰다. 뜨개질 기술을 알리고 공유하는 것이 다 함께 잘사는 길이라고 생각했기 때문이다.

고객 위한 맞춤 강의

문호 씨 모자가 강습을 시작할 무렵 IMF 위기가 닥치면서 뜨개질을 배워 창업하려는 사람이 많아졌다. 문호 씨는 단순히 기술을 가르치는 데 그치지 않고 그들에게 뜨개질 매장을 창업할 수 있도록 지원하는 역할도 했다. 이렇게 문호 씨에게 배운 사람들이 차린 뜨개질 지점이 전국에 생겨나게 됐다.

"전국 지점에 뜨개질 실을 저렴한 가격에 공급하는 한편, 어머니는 계속 기술을 가르쳐주는 일을 했습니다. 지점 사장님께는 될 수 있으면 일주일에 한 번씩 본점 매장으로 와 새로운 기술과 제품을 접하라는 말씀도 드리고요. 이렇게 끊임없이 지도하고 실 공급은 물론 완제품도 빌려주면서 지점 수가 급속히 늘다 보니 1년에

실 매출만 7억 원 정도가 됐습니다."

지금은 당시에 비해 지점 수는 줄었지만 그와의 인연을 15년 넘게 이어가는 곳도 있다. 문호 씨는 수시로 지점을 방문해 실에 대한 정보와 기술 노하우를 공유한다. 지점에서 가장 잘 팔릴 수 있는 실을 제안하고 또 도매가로 제공해 지점도 함께 수익을 올릴 수 있도록 하기 위해서다. 이것이 오랜 시간 본점과 지점이 상생할 수 있었던 비결이다.

결국 뜨개질 매장에서 가장 중요한 매출 수단은 실 판매이며, 점주가 뜨개질 작품을 제작하고 전시하는 활동 자체도 실 판매를 극대화하기 위한 마케팅 수단으로 해석할 수 있다. 또한 실 판매를 극대화하기 위해서는 개인 고객뿐만 아니라 지점 고객도 매우 중요하다. 그런데 이제는 거래의 상당 부분이 온라인으로 옮겨가는 추세다. 사람들이 직접 매장을 방문해 사 가던 제품을 온라인 쇼핑몰, 더 나아가 모바일로 구매하는 것이다.

이에 대응하려면 온라인 채널을 확보하는 수밖에 없다. 실제 문호 씨의 매장도 오프라인뿐만 아니라 온라인 판매를 함께하고 있다. 하지만 점주가 나이가 많다든지 해서 온라인 환경에 익숙하지 않을 때는 이를 활용하는 것이 제한적일 수밖에 없다. 따라서 이 경우 현재 가지고 있는 오프라인의 장점을 극대화시킬 수 있는 전략이 필요하다. 그것은 바로 특화된 컨설팅과 교육 서비스를 제공하는 것이다.

뜨개질 매장을 찾은 고객이 원하는 것은 단순히 실을 편하게 구매하는 일만이 아닐 것이다. 뜨개질을 하다 궁금한 점이 있으면 바로 물어볼 수 있고 또 새로운 뜨개질 노하우를 빠르게 배울 수 있는 공간이 필요하다. 아무리 온라인 교육이 일반화돼 있다고는 하지만 수강생 입장에서는 역시 선생님이 직접 옆에서 가르쳐주는 것만 못한 게 사실이다.

문호 씨도 사업 초창기부터 강습의 중요성을 깨닫고 고객이 원하는 맞춤 강의를 해 개인 고객뿐만 아니라 지점 고객 수도 늘릴 수 있었다. 20년이 넘는 기간 동안 수강생이 줄어들지 않고 꾸준히 수를 유지하는 비결도 일정한 강습비만 내면 수강생이 편리한 시간대에 와서 원하는 디자인을 배울 수 있는 열린 강습에 있다.

비수기에 대비해 복합 카페를 차리다

문호 씨는 2016년 7월부터 카페 사업을 시작했다. 그런데 커피나 음료를 파는 단순한 카페가 아니다. 카페 곳곳에 알록달록한 실과 뜨개질 소품을 인테리어 장식처럼 진열해놓았다. 손님들은 이곳에서 커피와 음료를 즐길 수도 있지만 뜨개질 실과 제품을 구매할

문호 씨는 2016년 뜨개질 매장과 카페를 합한 복합 매장을 오픈했다. 이곳에서는 뜨개질과 관련된 제품을 구매할 수도 있고 간단한 상담도 받을 수 있다.

수도 있다.

"카페와 뜨개질 매장을 합친 복합 공간으로 운영하고 있습니다. 뜨개질 매장은 비수기가 있어요. 비수기에는 아무래도 실 판매가 잘 안 되니까 커피로 어느 정도 매출을 보완하려고 시작한 거예요."

문호 씨의 말에 따르면 뜨개질 매장은 겨울이 성수기이기 때문에 11월부터 다음 해 2월까지 충분한 매출이 나와야 유지된다고 한다. 문호 씨의 매장도 성수기 넉 달 동안의 매출은 1억6000만 원 정도로 높은 편이지만 비수기로 접어드는 3월이 되면 매출이 1/3~1/4 수준으로 줄어든다. 때문에 이를 보완할 방법으로 차린 것이 지금의 뜨개질 카페 '코바늘 스토리'다.

문호 씨는 이 카페에 자주 들른다. 그는 이곳에서도 뜨개질을 멈추지 않는다. 문호 씨가 직접 뜨개질하는 모습을 보여줌으로써 손님들의 이목을 끌 수 있고 뜨개질에 관심이 있는 경우 상담도 진행하게 된다. 오프라인의 뜨개질 매장만으로는 신규 고객 유치에 한계가 있기 때문에 사람들이 많이 드나드는 카페를 통해 고객을 확보하는 것이다.

문호 씨의 사업 경쟁력은 가족으로부터 나온다고 해도 과언이 아니다. 복합 공간인 카페는 문호 씨 동생인 현호 씨가 운영하고 있다. 현호 씨는 카페 운영뿐만 아니라 뜨개질 제품 운반과 배송, 창고관리 같은 물류 업무를 담당하면서 형의 든든한 다리 역할을 하고 있다. 어머니 역시 오랜 노하우를 바탕으로 새 도안을 만들고 작품의 마무리 작업을 할 뿐 아니라 수강생을 대상으로 강습도 하고 있다. 문호 씨는 매장 전반의 운영과 관리, 교육을 담당한다.

뜨개질은 바늘과 실, 이 중 하나라도 없으면 할 수 없다. 항상 함께 있어야 제 구실을 할 수 있다. 문호 씨 가족도 서로에게 실과 바늘 같은 존재다. 아들이 희망을 잃고 어둠 속을 헤맬 때 어머니는 뜨개질을 통해 새로운 미래를 제시해주었고 동생은 사업의 든든한 버팀목이 돼주고 있다. 서로에게 커다란 힘이 돼주는 가족의 행복이야말로 서민갑부인 문호 씨가 말하는 성공의 이유이자 결과이고 목표이기도 하다.

뜨개질 갑부 정문호 씨의
가족 경영 전략

**몸이 불편한 문호 씨는 어머니, 동생과 함께 매장 운영,
가족은 성공의 원인이자 결과**

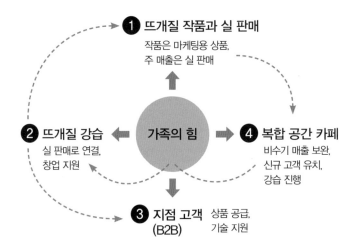

이것만은 꼭! 한 줄 성공 비법

- 마케팅용 상품이 살아야 매출을 일으키는 상품도 산다.
- 개인 고객(B2C)뿐만 아니라 기업 고객(B2B)도 주목해야 한다.
- 오프라인만의 강점을 잘 살려야 온라인에 대응하는 경쟁력을 갖출 수 있다.
- 가족은 성공의 원인이자 결과이고, 목표여야 한다.

상호 •	물망초 수예
대표자 •	정문호
주소 •	서울시 중구 소공로58
	회현지하쇼핑센터 라18~20
영업시간 •	오전 10시~오후 7시
정기휴일 •	일요일
점포 면적 •	약 15평

물망초 수예 매출 (제작진 추산)

하루 매출 약 160만 원
4개월 매출 약 1억6000만 원

*성수기(11~다음 해 2월) 기준

연 매출 10억!
어느 회사원의
반란

반품마트 박종관

어떤 이에게 위기는 기회가 되기도 한다.
원치 않게 회사를 그만둔 뒤
자신만의 아이디어로
성공 스토리의 주인공이 된 한 남자의
인생 2막 이야기.

회사 생활이 도와준 1만 시간의 법칙

대부분의 사람은 평생직장을 꿈꾸며 회사에 들어간다. 하지만 회사가 어려워지면서 자신의 의지와는 무관하게 갑작스레 퇴사해야 한다면 '멘붕'에 빠질 수밖에 없다.

반품 매장을 운영하는 서민갑부 박종관(47) 씨는 13년 전 이런 상황에 처했다. 그 역시 당시에는 눈앞이 캄캄했지만 이제는 연 매출 10억 원에 달하는 사업체를 운영하는 어엿한 사장님이 됐다. 다른 사람들이 쉽게 생각하지 못했던 '자신만의 사업 영역'을 개척한 덕분이다. 그렇다면 그는 반품 매장이라는 사업 아이디어를 어떻게 생각해냈을까.

30대 초반 종관 씨는 한 홈쇼핑 회사에 다녔다. 그 당시 하루가 멀다 하고 쏟아져 들어오는 반품 상품은 회사의 업무를 마비시킬 정도였다. 물건이 많이 팔리면 팔릴수록 반품되는 양도 늘었다.

"홈쇼핑 방송 자체가 충동구매를 많이 유도하잖아요. 그러니까 당연히 반품도 많을 수밖에 없죠. 문제는 소비자가 일단 개봉한 상품은 다시 판매할 수 없다는 거예요. 이렇게 반품된 물건은 전부 창고에 쌓입니다. 새 주인을 찾지 못하고 창고에서 먼지만 뒤집어쓰고 있는 거죠."

그러던 어느 날 종관 씨는 한 친구를 만났다. 그 친구는 컴퓨터를 사려고 하는데 가격이 비싸서 망설이고 있는 중이라고 털어놓았다. 그 말을 들은 종관 씨는 문득 회사 창고에 쌓여 있는 컴퓨터가 생각났다. 그래서 친구에게 "반품 제품이라도 괜찮다면 싸게 줄게"하고 말했다. 친구는 종관 씨의 제안에 반색하며 당장 사겠다고 했다. 이 일이 지인들 사이에 소문나면서 종관 씨에게 반품 제품을 저렴하게 살 수 있냐는 전화가 자주 왔다. 이를 계기로 종관 씨는 반품 물건이라도 충분히 상품 가치가 있다는 사실을 깨닫게 됐다.

종관 씨는 열심히 일했지만 회사의 경영상태는 점점 나빠졌다. 20대를 몸 바쳐 일했던 회사였지만 결국 그만둘 수밖에 없었다. 막상 회사를 나왔지만 무엇을 해야 할지 막막했다. 고민 끝에 그는 자신이 가장 잘할 수 있는 일에 도전하기로 마음먹었다. 바로 반품 제품 판매였다.

"시장성이 굉장히 좋다고 생각했어요. 제가 잘 알고 있는 분야이기도 했고요. 그러니까 무조건 이 일을 해야겠다고 판단했죠."

'1만 시간의 법칙'이란 말이 있다. 어떤 분야에서 최고 달인이 되려면 1만 시간 이상 투자해야 한다는 뜻이다. 1만 시간은 하루 3시간 투자하면 10년 정도 걸리는 긴 시간이다. 어떤 일이든 그 분야에서 탁월한 경지에 오르려면 절대적인 시간과 노력이 필요하다.

만약 누군가가 오랫동안 다니던 회사를 그만두고 '새로운' 분야에서 창업한다고 가정해보자. 자신이 그동안 일했던 분야와 전혀 '다른' 분야에서 창업해 경쟁력을 가지려면 1만 시간 정도의 새로운 노력이 투입돼야 한다. 왜냐하면 창업하려는 분야에서 이제 자신은 신입사원이나 다를 바 없기 때문이다. 실제로 자영업에 뛰어든 많은 은퇴자가 일반 기업체 신입사원 정도의 연봉을 벌고 있다. 안타까운 현실이지만 '1만 시간의 법칙' 측면에서 보면 당연한 일일지도 모른다.

어떤 일에 '처음 뛰어든 사람'이 '죽기 살기로 10년 동안 그 일을 해온 사람'과 동등하게 경쟁한다는 건 처음부터 불가능하다. 그런데도 많은 사람이 '은퇴 후 카페나 치킨집을 차려야지'라는 식으로 자영업을 가볍게 생각하곤 한다. 생계형 사업은 말 그대로 생계를 거는 일이다. 당연히 해당 분야에 대한 전문 지식과 기술, 노하우가 필수적이다. 1만 시간까지는 아닐지 몰라도 초보 수준의 경험과 노하우로 덤벼서는 안 된다는 말이다.

이런 측면에서 종관 씨가 창업 아이디어를 얻게 된 과정을 살펴

볼 필요가 있다. 오랜 회사 생활을 통해 상당한 시간이 투자된 분야에서 사업 기회를 찾는다면 실패할 확률이 낮아진다. 종관 씨에게는 반품 물건 판매가 바로 그런 분야였던 것이다.

착한 반품 제품을 찾아라

경기도 안산시 고잔동에는 종관 씨가 운영하는 '반품마트'가 있다. 이곳에서는 구매자들이 변심 등의 이유로 반품한 제품을 적게는 30%에서 많게는 80%까지 할인된 가격으로 판매한다. 여기서 드는 의문 하나! 반품 매장과 중고 매장은 어떻게 다를까. 중고 매장은 중고 상품, 즉 이미 사용된 상품을 판매하지만 반품 매장은 포장만 풀었다 되돌아온 새 상품을 취급한다는 차이점이 있다.

종관 씨의 반품 매장에는 소형 가전제품부터 그릇과 옷까지 다양한 물건이 새 주인을 기다리고 있다. 정가 22만 원짜리 구두가 이곳에선 5만5000원의 가격표가 붙어 있고, 2만9000원짜리 선풍기도 반값보다 싼 1만3000원에 살 수 있다. 종관 씨의 말에 따르면 반품 매장의 가장 큰 경쟁력은 가성비, 즉 가격 대비 품질이 높은 점이라고 한다.

"말 그대로 새 상품인데 가격까지 착하니까 실속을 중시하는 소비자라면 저희 매장을 찾으실 수밖에 없죠."

종관 씨는 반품 매장이 성공하기 위해서는 무엇보다도 '품질 좋은 반품 상품을 싸게 잘 구하는 것'이 중요하다고 강조한다. 이런 측면에서 종관 씨는 좋은 반품 제품을 확보하는 일에 큰 공을 들인다. 사업 초기에는 거래처를 찾는 것도 쉽지 않았다. 애써 찾아도 그를 잘 만나주지 않았다. 하지만 지금은 그와 거래하기 위해 먼저 찾는 업체가 생겼을 정도로 이 업계에서 유명해졌다. 종관 씨와 인연을 맺은 지 벌써 8년이 됐다는 한 제조업체 관계자는 반품 매장의 장점을 이렇게 설명한다.

"제조업체에서는 반품을 받으면 다 폐기해야 하는데, 반품 매장 덕분에 그 제품을 다시 소비자에게 팔 수 있는 거잖아요. 그럼 제조업체는 버려야 하는 물건을 돈을 받고 팔아서 좋고, 소비자는 신제품을 저렴하게 구매할 수 있으니 좋고, 국가 차원에서는 경제적인 낭비도 막고 폐기물이 줄어 환경오염도 예방할 수 있잖아요."

철저한 검수만이 살 길

종관 씨 매장에는 한 달에 한 번, 반품된 전자제품이 5톤 트럭으로 들어온다. 거래처에서 창고가 꽉 차면 종관 씨에게 연락해 보내는 것이다. 거래처에서 보낸 제품이긴 하지만 어떤 품목이 있는지 종관 씨가 사전에 다 알기는 어렵다. 그 역시 일일이 상자를 뜯어봐야 구체적인 제품 내용을 알 수 있다. 그래서 새롭게 물건이 들어오는 날은 상자 해체 작업으로 밤을 꼬박 새기 일쑤다.

물건을 받아오고 상자를 해체하고 나면 종관 씨에게는 더 중요한 작업이 남아 있다. 바로 상품을 검수하는 일이다. 반품 제품의 특성상 개봉한 것이 대부분이라 그 과정에서 혹시 빠진 부품은 없는지, 제품에 이상은 없는지 등 꼼꼼하게 확인해야 하는 것이다. 이때 종관 씨는 시각, 촉각, 후각 등 신체 감각기관을 총동원해 물건을 살펴본다.

종관 씨가 가장 많은 시간을 들이는 것도 검수 과정이다. 제대로 된 상품을 골라내야 손님의 신뢰를 얻을 수 있기 때문이다. 이 과정에서 버려지는 상품의 양도 만만치 않다.

"보통 30% 정도는 버린다고 보시면 맞습니다. 그것까지 고려해 상품을 싸게 받아와야 하죠."

반품 제품이라고 색안경을 끼고 보는 일부 소비자의 불안감을 해소하는 방법은 철저한 검수뿐이라고 종관 씨는 믿고 있다. 하지만 하자가 있는 물건이라고 해서 무조건 버리는 것은 아니다. 오히려 약간의 문제가 있지만 사용하는 데 지장이 없으면 효자 상품이 되기도 한다.

"'이게 원래 4만 원 정도에 팔리던 냄비인데, 뚜껑이 깨져 5000 원에 드릴게요' 하면 손님이 좋아하시면서 사 가는 경우도 많아요. 오히려 C급 상품이 더 빨리 나가는 거죠."

그의 엄격한 검수 과정을 거친 상품은 매장으로 옮겨져 진열된다. 상품을 나르고 옮기는 일은 육체적으로 힘이 많이 든다. 하지만 종관 씨는 이 과정이 힘들지 않다고 말한다.

"물건을 나르는 게 힘든 게 아니라 안 팔리는 게 힘들어요. 장사만 잘되면 짐 나르는 건 하나도 안 힘들어요. 장사하시는 분들이라면 제 말을 이해하실걸요?"

장사의 고단함을 잊게 해주는 것은 결국 달콤한 매출이다. 힘든 과정을 견딜 수 있는 힘도 매출에서 나오게 마련이다. 반품 상품을 들여오고 수많은 상자를 개봉해 상품을 꼼꼼히 검수하고 매장에 가지런히 진열하는 과정은 결국 판매를 위해서다.

종관 씨의 매장에는 많은 손님이 찾아오지만 그중에는 구매하지 않고 구경만 하고 나가는 사람도 절반 이상 된다. 손님이 그냥 나가면 섭섭하지 않을까. 종관 씨는 "예전에 손님이 아무도 안 오셔서 외롭다고 느낀 적이 있어요. 그래서 지금은 구경만 와주셔도 너무 고마워요"라고 말한다. 물론 손님이 사지 않고 그냥 돌아가면 마음이 아프다. 하지만 아예 오지 않는 비참함에 비하면 아무것도 아니다. 많은 매장이 비싼 광고비를 쓰거나 마진이 하나도 없는 미끼 상품을 걸면서까지 손님을 매장으로 불러 모으는 이유가 바로 이 때문이다.

스토리와 즐거움을 팔다

종관 씨는 사업을 시작한 후 무리한 확장으로 어려움을 겪은 적이 있다. 넓은 매장에 손님이 찾지 않아 하루 종일 혼자 있는 시간이 길어지다 보니 점점 초조해졌다.

"장사가 잘되니까 자신감에 차서 사업을 확장했던 거죠. 물건도 쓸데없이 많이 들였고요. 그러다 보니까 물건은 있는데 통장에 돈이 없는 거죠. 갚아야 될 돈은 많고 거래처에서는 계속 독촉 전화가 오고. 한 3년 동안 고생했던 거 같아요."

그때 종관 씨가 돌파구로 삼았던 것은 고객 응대 방식이었다. 손님이 많이 오지 않으니 이따금씩 찾아오는 한 분 한 분이 무척 소중했다. 그러다 보니 그들에게 정성을 다했다. 반품 매장은 손님에게 어떻게 제품을 설명하느냐에 따라 반응이 달라질 수 있다. 반품된 제품은 저마다의 사연이 있게 마련이다. 종관 씨는 고객에게 반품된 이유부터 단점까지 솔직하게 설명하는 전략을 취했다.

"예를 들어 이 상품은 여기에 인쇄를 잘못해 싸게 파는 거라고

종관 씨의 꼼꼼한 검수 과정을 거친 반품 제품만 매장에 진열된다. 약간의 하자가 있지만 사용하는
데 지장이 없으면 오히려 효자 상품이 되는 경우도 많다.

설명해드려요. 그러면서 이런 건 여기서밖에 못 만나는 특별한 상품이라고 덧붙이죠. 손님들은 제가 그렇게 이야기해드리면 재미있어 하세요. 구매도 많이 하시고요."

종관 씨는 이를 통해 장사란 단순히 물건만 파는 것이 아니라 좋은 기억을 심어주는 것이 중요하다는 사실을 깨닫게 됐다. 그는 지금도 손님에게 제대로 된 설명을 하기 위해 직접 상품을 테스트하곤 한다. 냄비의 경우 물이 끓기까지 시간이 어느 정도 걸리고 또 이때 손잡이가 같이 뜨거워지는지 확인하는 것이다.

"손님이 '냄비 손잡이도 같이 뜨거워지나요?' 하고 물어보시는데 제가 써보지 않으면 뭐라 대답할 수 없잖아요. 그래서 손님이 어떤 부분을 궁금해하실까 고민하고 이에 대한 해답을 찾기 위해 제가 직접 확인하는 거죠."

그의 가게에는 간판이 없다. 인테리어에 돈을 들이는 대신 제품을 보다 싸게 파는 게 낫다고 생각했기 때문이다. 그는 매일 아침 인터넷에서 최저가 검색을 한다. 시중가격이 내려가 있으면 그에 맞춰 가격을 낮춘다. 그래서 같은 물건이라도 어제와 오늘의 가격이 달라지기도 한다.

그의 이런 노력이 모여 오늘날의 서민갑부를 만들었음은 당연하다. 반품 매장 사업을 시작한 지 13년 만에 종관 씨는 연 매출 10억 원을 달성하고 4개의 매장도 운영하고 있다. 경기도 안산에 있는 100평 규모의 매장은 창고도 함께 있어 그가 베이스캠프처럼 운영한다. 그가 취급하는 물건은 모두 이곳으로 일단 모였다가 다른 매장으로 보내진다.

경기도 고양시에는 2016년 4월에 문을 연 매장이 있다. 여건 대비 매출이 좋은 매장이다. 또 충청남도 천안시에 있는 매장은 어머니가 운영하시는 곳이다. 그곳은 종관 씨가 처음 반품 장사를 시작했던 매장이기도 하다. 이제는 어머니가 소일거리 삼아 운영하고 있다. 종관 씨는 시간이 날 때마다 이곳에 들러 물건을 채워 넣고 가게 상황을 살핀다. 종관 씨 어머니 역시 장사만 41년째 해온 베테랑이다. 못 파는 물건이 없다는 어머니는 "나는 손님들이 싸게 달라면 웬만하면 다 줘버려. 그냥 빈손으로 안 돌아가게 하는 거지. 뭐든 팔기만 하면 원가는 나올 거 아녀?"라며 웃는다. 아들이 좋은 반품 물건을 알아서 보내주기 때문에 물건 걱정은 안 한다며 일흔이 넘은 나이에도 이렇게 돈벌이를 할 수 있는 게 어디냐고 즐거워한다.

종관 씨도 안산에서 반응이 좋았던 제품은 최대한 빨리 천안 매장에 가져다놓는다. 가끔씩 별도의 행사 매장을 운영하기도 한다. 대형아웃렛 등에서 행사 요청이 오면 몸은 힘들어도 거절하지 않는 편이다. 많은 물건을 팔 수 있기 때문이다. 이렇게 행사 매장을 통해 하루 800만 원의 매출을 기록한 적도 있다.

종관 씨에게 회사 다니는 것보다 자영업을 하는 게 힘들지 않느냐고 물었다. 그러자 "회사를 다녔으면 좀 편하긴 했겠죠. 그런데 회사에서는 내가 하고 싶은 일을 한다기보다 위에서 시키는 일을 해야 할 때가 많잖아요. 그게 저한테는 좀 안 맞아요"라고 답한다.

"즐길 수 있는 일을 하든지, 일을 즐기든지 해야 된다고 생각해요. 그냥 물건만 파는 행위라고 생각하면 저는 이 생활이 참 지겨울 것 같아요. 판매하는 행위 자체에서 즐거움을 찾을 수 있어야 잘할 수 있다고 생각합니다. 모든 일이 다 그렇지 않나요?"

남들 눈에는 비슷한 일상처럼 보이지만 종관 씨는 이제 그 일상에서 즐거움을 느끼는 단계로 접어들었다. 자신이 잘할 수 있는 일, 하면서 즐거움을 느낄 수 있는 일, 게다가 소비자도 좋아해주는 일. 그렇기 때문에 종관 씨는 미래의 성공도 확신하고 있는 것이다.

반품 갑부 박종관 씨의
창업 과정과 영업 노하우

이전 직장 경험 통해 자신만의 사업 아이디어 획득

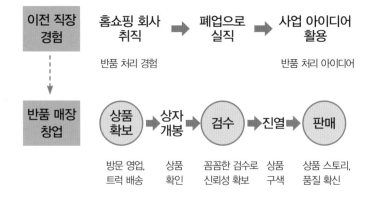

이것만은 꼭! 한 줄 성공 비법

- 자신이 일했던 분야에서 창업 아이템을 찾는 것이 1만 시간을 채우는 가장 빠른 방법이다.
- 틈새 상품에 대한 아이디어는 사업자의 경험에서 나오는 경우가 많다.
- 유통 매장은 매장을 찾는 즐거움과 상품의 고유 가치를 함께 느낄 수 있어야 한다.
- 상품에 대한 스토리를 확실히 알고 품질 확신을 가져야 판매율을 높일 수 있다.

상호 · 반품마트

대표자 · 박종관

주소 · 경기도 안산시 단원구 예술대학로 89
　　　　지하 1층

영업시간 · 오전 11시~오후 8시

정기휴일 · 없음

점포 면적 · 약 80평

반품마트 연 매출(제작진 추산)

하루 평균 120만 원
월 평균 3600만 원
행사장 하루 매출 800만 원
─────────────
약 10억 원

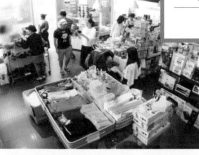

미생에서 '부동산 부자'로 거듭나다

경매달인 안정일

매일 법원으로 출근하는 한 남자가 있다.
그는 어렸을 때 집이 경매로 넘어갔던
아픈 상처를 딛고,
부동산 여덟 채를 보유한
진짜 '집 부자'로 거듭났다.

100채의 집을 사고판 남자

대한민국 서민의 가장 큰 꿈 가운데 하나가 바로 '내 집 마련'이 아닐까. 하지만 아무리 열심히 돈을 모아도 내 집 한 칸 마련하기가 쉽지 않은 게 현실이다. 통계청에 따르면 서울 시내에서 평균가의 아파트 한 채를 소유하려면 직장인들이 월급을 한푼도 쓰지 않고 꼬박 12년 반 동안 모아야 한다고 한다. 하지만 실제 내 집 마련에 걸리는 시간은 이보다 훨씬 길다. 월급을 한푼도 쓰지 않고 모은다는 것은 불가능하기 때문이다.

이런 어려운 현실에서도 단돈 3000만 원으로 시작해 부동산 갑부가 된 사람이 있다. 그를 아는 부동산중개업소 사장님들은 "이 동네에서 그분 모르는 중개인은 거의 없을 거예요" "지금 여덟 채 넘게 사셨을 거 같은데요. 저희도 몇 채 중개해드렸고요"라고 말한다. 12년 전 다니던 직장을 그만두고 부동산 경매에 뛰어든 안정일

(47) 씨. 그동안 사고판 집만 100채가 넘고 그는 이를 통해 상가 3채, 아파트 2채, 빌라 3채를 보유한 자산가가 됐다.

정일 씨는 조기퇴직이 일반화된 요즘이야말로 부동산 경매가 노후 대책뿐만 아니라 평생직장이 될 수 있다고 강조한다. 그는 경매를 배우고 싶어 하는 사람들을 대상으로 강의와 현장 수업도 진행하는데, 이들에게 정일 씨는 롤모델이나 다름없다. 수강생들은 정일 씨의 말 한마디라도 놓치지 않으려 열심히 메모하며 귀 기울인다.

현장 학습에 따라나선 수강생 중 한 명은 경매를 배우는 이유에 대해 묻자 "부자가 되고 싶으니까요. 경매에 대해 제대로 공부해두면 나중에 종잣돈이 생겼을 때 크게 불릴 수도 있잖아요. 그 희망을 보고 하는 거죠"라고 대답한다. 이날 수강생들과 함께 찾은 아파트는 정일 씨가 과거 부동산 경매로 매입한 곳이다. 그는 이처럼 자신이 실제 매입한 집을 사례로 보여주며 현장감 있는 강의를 한다.

"이분들에게 '아, 이렇게 해서 돈 버는 게 실제로 가능하구나' 하는 걸 확인시켜주려는 목적이죠. 강의만 들으면 긴가민가하잖아요. 낙찰받는 게 과연 가능한지 말이에요. 그런데 이렇게 실제 사례를 보여주면 수강생들도 '경매를 통해 나도 재테크를 할 수 있구나' 하는 믿음이 생기니까요."

정일 씨는 경매를 통해 이 아파트를 시세보다 3800만 원가량 저렴하게 매입했다고 했다.

"저는 이 아파트를 3억1150만 원에 낙찰받았는데 지금 시세는 3
억5000만 원 정도 해요. 문제는 그렇게 낙찰받기 위해서는 입찰만
30~40회, 많게는 50회 이상 해야 한다는 거예요. 그 과정이 힘들
어도 꾸준히 도전하다 보면 언젠가 자신이 원하는 부동산을 시세보
다 싸게 낙찰받게 되는 거죠."

3000만 원의 종잣돈으로 시작한 경매

정일 씨는 30대 중반까지만 해도 평범한 회사원이었다. 그런데
이상하게도 자신이 취직한 회사들은 오래가지 못하고 파산하는 경
우가 많았다. 정일 씨는 직장생활에 불안감을 느꼈다. 평생직장이
라는 개념은 점점 사라지고 중소기업은 물론 대기업조차 언제 무너
질지 모르는 상황. 평균수명 100세 시대에 쉰이 되기도 전에 퇴사
하고 나면 무엇을 해야 할까. 현대 직장인들이 떠안고 있는 고민을
정일 씨 역시 하고 있었다.

미래가 뻔히 보이는데 직장생활에 '올인'하는 것이 그에게는 무
모해 보였다. 그때 그는 '인생의 플랜B가 있어야 된다'라는 걸 깨달
았다. 하지만 미래를 설계하기엔 당장 여윳돈이 없었다. 직장생활

로 받는 월급은 하루하루 생활하기에도 빠듯했다.

그런 남편의 모습을 옆에서 지켜보던 아내 희숙 씨가 허리띠를 졸라맸다. 희숙 씨는 남편 월급의 3분의 2를 저축했다. 이렇게 저축한 지 2년 만에 드디어 3000만 원이라는 큰돈이 모였다. 희숙 씨는 이 돈을 정일 씨에게 건네며 투자해볼 것을 권유했다. 이때의 경험이 있기에 정일 씨는 수강생들에게 종잣돈의 개념으로 저축을 강조한다.

"저축은 재테크의 첫걸음이에요. 제가 지금은 투자 이야기를 하고 있지만 저도 경매를 하기 전 10년 동안은 저축의 시간이었어요. 종잣돈을 모아본 경험이 없으면 이에 대한 소중함도 모르거든요. 그러면 말 그대로 '묻지마 투자'를 할 수 있어요."

정일 씨는 종잣돈 모으기의 어려움을 알아야 투자도 신중하게 할 수 있다고 강조한다.

그는 아내가 모아준 종잣돈을 어떻게 하면 불릴 수 있을까, 하고 고민에 고민을 거듭했다. 결국 그가 찾아낸 방법은 부동산 경매였다.

"80만 원에 사서 바로 100만 원에 파는 게 경매더라고요. 현재 100만 원에 팔리는 물건을 80만 원에 살 수 있는 기회를 준 거잖아요. 그러면 당연히 사서 팔아야죠. 그런데 문제는 그 80만 원에 살 수 있는 기회가 나한테만 있는 게 아니라 누구한테나 공평하게 열려 있다는 점이죠."

낙찰이 아닌 수익을 목표로 삼아라

정일 씨는 그렇게 경매 공부와 나름대로 현장 조사도 하면서 실전 경매를 시작했다. 가진 돈이 많지 않았기에 주택 밀집 지역의 작은 집부터 살폈다. 그리고 2005년 정일 씨는 드디어 반지하의 작은 주택을 경매로 낙찰받았다.

첫 낙찰이라 무척 기뻤지만 이 반지하 주택엔 아찔했던 경험담이 숨어 있다. 정일 씨는 경매 공부를 한 뒤 낙찰받기만 하면 돈이 될 거라 믿었다. 하지만 낙찰은 쉽게 되지 않았다. 3~4개월 동안 입찰만 열 번 넘게 했지만 결과는 늘 패찰의 연속이었다. 경매로 돈을 불릴 수 있겠다는 기대가 점점 사라지면서 이번이 마지막이라는 심정으로 입찰에 응했던 어느 날, 정일 씨는 드디어 낙찰에 성공했다.

그는 이제 수익을 남기는 것은 시간문제라 믿었다. 정일 씨는 곧장 부동산중개업소로 달려갔다. 경매로 방금 2000만 원에 낙찰받은 반지하 주택을 2500만 원에 매물로 내놓겠다고 했다. 그러자 그 부동산중개업소 사장님은 당황해하며 "이것은 1800만 원에도 나갈까 말까 한 물건"이라고 했다. 그 말을 들은 정일 씨는 가슴이 철렁 내려앉았다.

"그 순간 하늘이 노래지는 걸 느꼈어요. 아마 그때 실패했으면 경매란 위험한 거라고 생각해 그 일에서 완전히 손을 뗐을 거예요."

하지만 다행히 그 경매 물건은 집주인이 빚을 갚으면서 낙찰이 취하됐다. 첫 낙찰의 뼈아픈 경험은 정일 씨에게 커다란 교훈을 주었음은 물론이다. 정일 씨는 그날 이후 신중에 신중을 기해 입찰을 하게 됐다.

정일 씨가 재테크 수단으로 경매를 생각한 것은 어쩌면 어린 시절의 가슴 아픈 기억 때문인지도 모른다. 정일 씨의 아버지는 환경미화원으로 일하며 어렵게 모은 돈으로 경기도 평택에 작은 집을 마련했다. 그런데 아버지가 빚보증을 잘못 서는 바람에 가족의 보금자리가 하루아침에 경매로 넘어갔다. 가족들은 돈 한푼 없이 집에서 쫓겨나다시피 해 뿔뿔이 흩어졌다. 정일 씨는 아버지가 원망스러웠다. 그날 이후 그의 마음속엔 돈을 벌어야겠다는 생각이 자리 잡게 됐다.

정일 씨는 매일 출근하는 마음으로 경기도의 한 지방 법원을 찾아간다고 말한다.

"여기가 바로 저의 직장인 셈이죠. 이 법원에서 입찰하고, 낙찰받고, 팔아서 수익 내고 그러니까요. 그래서 경매하는 사람들끼리는 우리도 법원 밥을 먹는 사람이라고 얘기해요. 4대 법조인 중 한 명이죠. 판사, 검사, 변호사 그리고 경매인(웃음)."

초보자에게는 전문적이고 복잡하게 느껴지는 부동산 경매지만 입찰 과정은 생각보다 그리 어렵지 않다. 먼저, 입찰 전 은행에 들러 입찰에 응하기 위한 최소 투자금인 보증금을 준비한다. 이 보증금은 패찰이 되면 전부 되돌려 받는다.

그런 다음 낙찰받고 싶은 물건에 대해 입찰표를 작성해 법정에 제출하면 된다. 경매에서는 이 입찰가를 정할 때 가장 신중해야 한다. 시세뿐만 아니라 이자 및 부대비용, 각종 세금 그리고 잠재 수익까지도 꼼꼼히 따져봐야 한다. 정일 씨도 10년 넘게 해온 일이지만 이 입찰 과정은 늘 가슴 졸이게 된다고 한다. 경쟁자 수가 만만치 않기 때문에 패찰이 일상이다. 힘들게 준비했는데 떨어지면 허탈하지 않느냐고 묻자 정일 씨가 답했다.

"솔직히 힘들죠. 기운도 빠지고요. 입찰가를 적어 낼 때는 낙찰될 거라는 기대나 설렘이 있잖아요. 그런 마음으로 기다렸는데 막상 떨어지면 많이 실망스럽죠. 그런데 이런 허탈한 마음을 이겨내야 합니다. 이걸 못 견디면 경매를 못 하죠. 이겨내고 담담하게 또 다음 물건을 찾아야죠."

정일 씨는 오히려 그렇기 때문에 낙찰을 목표로 하는 것을 조심해야 한다고 말한다. "사실 낙찰받는 것보다 얼마나 수익을 내느냐가 중요한 거예요. 그래서 사람들에게 '입찰할 때 낙찰이 아닌 수익을 목표로 할 것'을 당부해요."

정일 씨는 낙찰받았지만 손해 볼 뻔했던 아찔한 자신의 첫 경험 때문에 낙찰이 목표가 되면 잘못된 결과를 가져올 수 있다는 것을 늘 마음에 새기고 강의할 때도 이 점을 강조한다. 흔히 말하는 '승자의 저주'를 조심해야 한다는 뜻이다.

하루 2만 보의 발품을 팔다

법원에서 돌아온 정일 씨가 주로 향하는 곳은 사무실이다. 정일 씨는 이곳에서 틈나는 대로 인터넷을 통해 경매로 나온 물건을 확인한다. 흔히 말하는 '마우스 품'을 파는 것이다.

"현장에 가서 돌아다니는 게 발품을 파는 것이라면 이렇게 인터넷으로 지도와 주변 환경을 확인하는 것, 이게 마우스 품입니다. 하나하나 클릭해가면서 꼼꼼하게 분석하는 거죠."

경매의 첫걸음은 바로 좋은 집을 찾는 일이고 그런 만큼 마우스 품을 통한 '사전 조사'는 필수라고 정일 씨는 말한다. 이렇게 경매 물건을 인터넷으로 탐색한 후에는 반드시 현장을 찾는다. 서류상 현황과 실제 현장을 비교하기 위해 발품을 파는 것이다.

예컨대 등기상으로는 반지하 집이지만 언덕이 가파른 곳에 위치하면 1층과 다를 바 없는 곳도 있다. 정일 씨가 예전에 낙찰받았던 빌라 두 곳도 현장 조사의 중요성을 보여주는 사례다. 이 두 빌라를 비교해보면, 작은 평수의 빌라가 큰 평수보다 낙찰가도, 매도 금액도 높았다. 비슷한 지역이지만 작은 빌라가 더 높은 가치를 인정받았고 실제 수익도 좋았던 것이다. 이것도 결국 입찰 전에 현장 조사와 시세 파악이 얼마나 중요한지 잘 보여주는 사례라고 정일 씨는 강조한다. 이처럼 현장 조사가 중요하다 보니 늘 주택가 이곳저곳을 탐색하는 것이 정일 씨의 하루 일과다.

그는 현장을 확인할 때 반드시 높은 곳에 올라가 주택가의 지형과 조망을 살펴야 한다고 말한다. 그 역시 이를 위해 경매 물건이 잘 보이는 건물 옥상에 자주 올라간다. 그리고 아파트의 경우 향과 전망을 반드시 점검하라고 조언한다. 같은 평수라도 향과 전망에 따라 가격 차이가 크기 때문이다. 그런 만큼 꼭대기 층에서 조망하는 일이 필수적이라 강조한다.

"그냥 지도만 보고 적당히 입찰하거나, 아니면 인터넷 시세만 믿고 입찰가를 쓰면 위험할 수 있어요."

주택은 향과 전망, 지형에 따라 가격 차이가 크기 때문에 높은 곳에 올라가 현장을 꼼꼼히 살펴야 경매에서 실패하지 않는다.

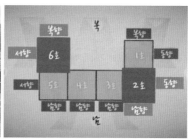

그는 현장 조사를 통해 건물의 외부 구조와 모양도 찬찬히 살펴본다. 빌라의 경우 땅 모양에 따라 실내 구조가 달라지기 때문이다. 현관이나 잠금장치 등 내부 시설물도 확인해야 한다. 또한 주변의 편의시설과 교통환경까지 꼼꼼히 둘러본다. 이를 위해 현장 조사는 늘 지하철역이나 버스정류장에서 시작한다. 사람들이 집을 구할 때 가장 먼저 살피는 것이 대중교통과의 거리이기 때문이다. 그런 만큼 직접 걸어보면서 이를 확인해보는 것이다.

"내가 걸어봐서 힘들다고 느끼면 다른 사람도 마찬가지일 거잖아요. 그러니까 직접 발품을 팔아 그곳의 가치를 파악하는 거죠."

정일 씨가 하루에 얼마나 발품을 파는지 알아보기 위해 〈서민갑부〉 방송제작진은 만보기를 달게 하고 걸음수를 체크해보기로 했다. 그 결과 하루에 2만 보 이상 걸은 것으로 나왔다. 이는 축구장 47바퀴를 돈 것과 맞먹는 거리. 희숙 씨는 남편이 이 때문에 족저근막염까지 생겼다고 가슴 아파한다.

한 지역에서 여러 채의 경매 물건을 낙찰받고 거래하다 보니 정일 씨는 부동산중개업소 사장님들과도 친분이 꽤 두텁다. 시간 날 때마다 단골 부동산중개업소에 들러 자연스럽게 시세를 파악한다. 정일 씨는 시세를 제대로 알려면 꼭 여러 군데의 부동산중개업소를 둘러봐야 한다고 조언한다.

"한 지역에서도 여러 군데 중개업소를 가봐야 해요. 사장님들마다 보는 관점과 생각이 다를 수 있기 때문에 그분들 이야기를 다 들어보고 종합적으로 판단하는 게 중요하죠."

경매로 수익을 내려면 최소의 낙찰 금액으로 큰 시세 차익을 얻어야 한다. 그만큼 시세를 정확히 파악하는 게 경매의 필수 요소라고 한다.

정확한 가치 평가를 위해서는 직접 몸으로 느끼는 게 중요하다는 이야기다. 빼곡한 집들 사이에 숨어 있는 진주 같은 물건을 찾기 위해서는 결국 스스로가 몸을 움직여야 한다. 그런 측면에서 정일 씨는 경매가 불로소득으로 돈을 버는 게 아니라고 한다.

"집값이 오를 만한 곳, 상대적으로 저평가된 곳, 그런 곳을 찾기 위해 그만큼 땀을 흘리고 다녀야 하니까요."

'운'은 '공'을 들인 만큼 온다

정일 씨가 경매를 하려는 사람들에게 당부하는 두 가지가 있다. 하나는 직장 일처럼 일정한 수입이 있는 다른 일과 병행하라는 것이다. 정일 씨는 다니던 회사를 그만두고 경매를 하겠다고 하면 말린다고 했다.

"제가 늘 하는 말이 '젖은 낙엽 정신'이에요. 젖은 낙엽처럼 회사에 딱 붙어 있어라, 발로 차고 떼어내려 해도 절대로 떨어지지 말라, 드라이어로 말려도 붙어 있어라, 이거죠. 투자라는 게 수익이 안정적이지 않잖아요. 현금 흐름이 일정하지 않고 불규칙해요. 다시 말해 내가 일정 부분 투자해놓고 그게 수익 실현이 될 때까지는 아무 수익이 없는 거예요. 투자 수익금으로 생활비를 충당하겠다는 건 정말 위험합니다. 실패 확률 100%예요."

두 번째 당부 사항은 평범한 회사원인 정일 씨를 집 부자로 만들어준 신념이기도 하다. 결국 운이라는 것도 스스로 만들어간다는 점이다. 정일 씨는 인생에 한 방은 없다고 했다. "'운'이라는 글자를 뒤집으면 '공'자가 돼요. 운이 오려면 그만큼 공을 들여야 된다는 얘기예요. 인생 한 방 없습니다. 저축이 됐든 투자가 됐든 아니면 경매가 됐든, '티끌 모아 태산'이라는 말이 맞습니다. 한 방에 태산 못 가요"

'젖은 낙엽정신으로 딱 붙어, 틈나는 대로 사방에 땀을 흘리고 다녀야 한다. 그리고 결국 운을 얻으려면 공들이는 과정이 꼭 필요하다.'

누구나 시작할 수 있지만 아무나 성공할 수 없다는 부동산 경매. 많은 사람이 솔깃한 성공담에 도전해보지만, 그 투자를 지속하는 사람은 5% 정도에 불과하다고 한다. 그만큼 성공 확률이 낮다는 방증이기도 하다. 정일 씨의 성공은 하루아침에 이루어진 것이 아니

다. 그것은 포기하지 않는 끈기와 성실한 땀방울, 그 시간들이 쌓아
올린 달콤한 보상이다.

경매 갑부 안정일 씨의
후회 없는 경매 노하우

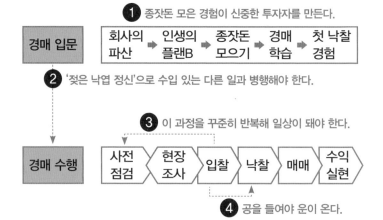

① 종잣돈 모은 경험이 신중한 투자자를 만든다.

| 경매 입문 | 회사의 파산 | → | 인생의 플랜B | → | 종잣돈 모으기 | → | 경매 학습 | → | 첫 낙찰 경험 |

② '젖은 낙엽 정신'으로 수입 있는 다른 일과 병행해야 한다.

③ 이 과정을 꾸준히 반복해 일상이 돼야 한다.

| 경매 수행 | 사전 점검 | 현장 조사 | 입찰 | 낙찰 | 매매 | 수익 실현 |

④ 공을 들여야 운이 온다.

이것만은 꼭! 한 줄 성공 비법

- 평생직장은 없다. 인생의 플랜B를 미리 준비해야 한다.
- 재테크의 첫걸음은 저축이다. 종잣돈을 모아본 경험이 신중한 투자자를 만든다.
- 수단을 목적으로 착각하지 않아야 한다. 경매의 목적은 낙찰이 아니라 수익이다.
- 가치평가는 현장에서 몸으로 부딪히고 느껴봐야 정확히 알 수 있다.
- 공을 들여야 운이 온다. 나의 운은 내가 만들어가는 것이다.

경매, 이것만은 알고 시작하자

1. 경매에 대해 완벽하게 공부한 후 도전한다

안정일 씨는 실전 경매를 하기 전 먼저 책으로 공부했다. 부동산 경매 책을 탐독하고 그 다음 학원 강의로 옮겨갔다. 동호회 활동과 스터디 모임도 하면서 공부에 몰입했다. 이렇게 1년 이상 실전보다는 공부에 시간을 투자했다. 공부를 하지 않으면 해당 물건이 싸게 나온 건지, 위험도는 얼마나 되는 건지 파악할 수 없다. 입찰하는 부동산의 권리 상태를 파악하는 작업인 권리분석은 경매에서 아주 중요한 부분이지만 공부하지 않고서는 절대로 알 수 없다.

2. 유료 정보 사이트의 활용도 필요하다

경매 물건의 종류나 권리분석 정보는 '대한민국법원 법원경매정보'나 '네이버 부동산' 등에서 확인이 가능하다. 하지만 이곳에는 기본적인 정보만 나와 있기 때문에 한계가 있다. 등기부등본, 전입세대 열람, 법원 기록 등을 종합적으로 보기 위해선 유료 사이트를 이용해야 한다. 추천할 만한 유료 사이트로는 '지지옥션' '굿옥션' '태인' 등이 있다.

3. 쉬운 물건도 돈이 된다

부동산 경매를 하다 보면 남들이 모르는 어려운 물건에 도전해야 돈이 될 것 같은 느낌이 들곤 한다. 쉬운 물건은 누구나 도전하기 때문에 경쟁이 치열하고 그래서 낙찰을 못 받는다고 생각한다. 그러나 안정일 씨는 10년이 넘는 세월동안 쉬운 물건만 낙찰받아 왔고, 지금도 그렇게 해서 돈을 벌고 있다. 안정일 씨는 얘기한다. "평범하고 쉬운 물건을 싸게 입찰하면, 당연히 낙찰이 안 됩니다. 그러나, 계속 입찰하다 보면 어느 날 문득 낙찰을 받는데, 그게 돈이 됩니다. 어렵지 않습니다. 그냥 입찰만 하면 됩니다." 안정일 씨가 이야기하는 돈버는 진리는 너무나 단순하다. 의지가 있는가? 그러면 도전하라!

내용출처 : 경매를 공부하는 사람들의 모임 [home336]

더러울수록
행복해요

소울크린 김선민 · 김지혜 부부

돈도 배경도 없었던
30대 후반의 부부가 마지막으로
선택한 '청소' 일.
이 부부는 남들이 기피하는 일로
3년 만에 인생역전을 이루는 데 성공했다.

장례지도사로 일해 모은 종잣돈

직장인이라면 누구나 한 번쯤 꿈꾸는 창업. 하지만 '많은 자본을 투자했다가 혹시라도 실패하면 어떡하지?' 하는 불안감 때문에 선뜻 도전하기가 쉽지 않은 게 현실이다. 그런데 단돈 1000만 원으로 창업해 억대의 연 수입을 올리고 있는 서민갑부가 있다. 집이 더러울수록 행복하다는 청소의 달인 김선민(41)·김지혜(40) 씨 부부가 그 주인공이다.

　이 부부의 성공 아이템은 바로 청소다. 그런데 단순히 쓸고 닦는 수준의 청소가 아니다. '위험하고, 어렵고, 힘든' 극한의 청소 3종 세트가 이 부부의 오늘이 있게 한 비장의 무기다. 이들은 청소를 단순 노동이 아닌 자신만의 노하우와 기술이 접목된 전문 서비스 영역으로 개척했다. 그리고 여기서 멈추지 않고 특수 청소 분야로 계속 확장시켜 나가고 있다.

넉넉하지 못한 집안 형편 때문에 고등학교밖에 졸업할 수 없었던 선민 씨. 스물여섯에 그가 힘들게 찾은 일자리는 다름 아닌 장례식장 일이었다. 처음에는 장례식장 운전기사인 줄 알았다. 하지만 첫 출근 후 맞이한 현실은 전혀 달랐다. 한 번도 상상해보지 못한 시체를 닦는 일이 그를 기다리고 있었던 것이다. 선민 씨는 큰 충격을 받았다.

"처음에는 못 하겠다고 그랬어요. 두려움이 앞섰으니까요. 당시 제가 내세울 수 있는 게 해병대 출신이라는 것밖에 없었는데 그곳에 계신 분이 그러는 거예요. '여기는 다 방위병 출신이야. 그런데 해병대 출신이 왜 못 해?' 그 말을 듣고 '이것도 하나의 경험이 되겠지' 하고 생각을 바꾼 거죠."

가진 것도 배경도 없던 선민 씨에게 장례식장에서의 고된 경험은 어떤 일도 할 수 있다는 배짱과 자신감을 가져다주었다. 무엇보다도 장례지도사로 10년간 일하면서 창업 자본금을 마련할 수 있었다. 그렇다면 하고많은 창업 아이템 중 왜 청소 사업을 택한 걸까.

"여기저기 알아봤는데 소액으로 시작해 큰돈을 벌 수 있는 아이템이 청소밖에 없더라고요. 또 장례지도사로 일할 때 고인의 유품 정리를 하면서 이 일을 직업적으로 해보면 어떨까 하는 생각을 했고요."

선민 씨가 청소 사업을 시작할 때 초기 투자비용은 800만 원 정도였다. 원래 차량은 갖고 있었고 가게 보증금 300만 원, 홈페이지 제작비 200만 원, 청소장비 구입비 200만 원, 기타 잡비가 100만 원가량 들었다. 물론 그 후에 운영비용이 1000만 원 정도 더 들어갔다. 선민 씨의 퇴직금까지 포함한 이 2000여 만원이 이 부부가 그동안 모아둔 전 재산이었다.

바퀴벌레 지옥에서 건진 첫 수익

전 재산을 걸고 선택한 사업이었지만 시작은 쉽지 않았다. 특히 사업 초기에는 홍보가 안 돼 의뢰가 들어오지 않았다. 초조해하던 부부에게 어느 날 반가운 전화 한 통이 걸려왔다. 혼자 사는 집인데 청소를 도와달라는 것이었다. 식구가 없으니 청소할 것도 많지 않을 거라 생각한 선민 씨 부부는 기쁜 마음으로 현장 확인도 하지 않고 덜컥 계약부터 했다. 하지만 청소 당일 의뢰인의 집을 찾아간 부부는 놀라움에 입을 다물 수 없었다. 과연 이곳이 사람이 살고 있는 집이 맞는지 의문이 들 정도로 쓰레기와 바퀴벌레가 가득했던 것이다. 계약을 했기에 부부는 어쩔 수 없이 청소를 했지만 이 일이 결코 만만치 않다는 걸 새삼 깨닫게 된 순간이었다. 지혜 씨는 아직도 가끔씩 그 집이 등장하는 악몽을 꾼다고 했다. 그만큼 당시의 기억

이 강렬했던 것이다.

"꿈속에서 제가 수백만 마리의 바퀴벌레에게 약을 뿌려요. 그러면 약에 취한 바퀴벌레들이 벽을 타고 도망가다가 위에서 후두둑 비처럼 떨어지는 거예요. 악! 또 생각나요."

지혜 씨는 말하면서 그 장면이 떠오르는지 몸을 으스스 떨었다.

용기를 내서 겨우 청소를 마친 부부는 집으로 돌아가면서 자동차 열쇠를 꺼내려고 주머니에 손을 넣었다. 그때 선민 씨 주머니에서 바퀴벌레가 만져졌다. 마트에 가서 물건을 사려고 돈을 꺼냈을 때도 바퀴벌레가 툭 떨어졌다. 선민 씨는 그때 '아! 이게 돈이 되는 거구나!'라는 깨달음을 얻었다고 한다.

"그날 이후 부랴부랴 인터넷에 홍보 문구로 새롭게 올린 게 '바퀴벌레집 청소'였어요. 그랬더니 일이 많이 들어오더라고요. 더러울수록 돈이 나온다는 것을 깨달은 거죠. 그래서 저희는 더러우면 더러울수록 행복해요."

쓰레기집 청소로 얻는 달콤한 대가

이 부부가 가장 많이 의뢰받는 일 중 하나가 바로 '쓰레기집' 청소다. 말만 집이지 쓰레기장이 따로 없다.

"쓰레기가 어느 정도 선을 넘으면 도저히 혼자 해결할 수 없는 상황이 되죠. 치워도 치워도 계속 쌓이고 대부분 그 단계에서 저희에게 의뢰가 들어와요."

선민 씨에 따르면 최근 의뢰받은 집도 그랬다고 한다. 집 안 가득 하루살이가 날아다니고 밥통 안에는 언제 했는지조차 알 수 없는 밥이 까맣게 썩어 있었다. 침대 아래에서만 세 자루 분량의 쓰레기가 나왔다. 이런 집은 쓰레기 사이사이에 생활용품이 섞여 있기 때문에 물건을 버릴 때도 꼼꼼히 확인해야 한다. 사용할 물건, 폐기물, 재활용품을 따로 분류하며 정리하는 것이다.

집 안 곳곳 쓰레기를 걷어내는 1차 작업이 끝나고 나면 덩치 큰 가구나 가전제품 중 버릴 것을 골라낸다. 이 집의 의뢰인은 세탁기를 폐기해달라고 부탁했다. 그런데 세탁기 안을 들여다본 순간 부부는 코를 막아야 했다. 썩은 세탁물에서 냄새가 진동하는 것이었다. 선민 씨는 이런 게 진짜 괴롭다고 말한다.

"청소하다 보면 눈뿐만 아니라 코도 고생하는 이중고에 시달리거든요. 그래도 눈으로 보는 건 견딜 수 있는데 냄새는 정말 참기 힘들어요. 이 냄새 때문에 청소 일을 못 하겠다고 하는 사람도 많아요."

청소 일을 의뢰받았지만 세탁기 같은 덩치 큰 폐기물을 처리하기 위해 무거운 짐을 나르는 일도 다반사다. 몇 시간에 걸친 정리 작업이 끝나면 본격적으로 세척 작업에 들어간다. 짧은 시간에 각종 오염을 말끔히 제거해야 하기 때문에 전문적인 노하우가 필요하다. 이를 위해 지혜 씨는 먼저 페인트 붓을 꺼내 구석구석 약품을 바른다. 찌든 때를 약품으로 불려놓는 것이다. 그리고 시차를 두고 세척한다. 냄새와 찌든 때로 가득 차 있던 화장실도 선민 씨가 물청소를 하면 십 년 묵은 체증이 내려가듯 말끔해진다.

이런 쓰레기집 청소가 꺼려질 법도 하지만 이 부부는 오히려 이처럼 청소 전후가 극명하게 달라지는 일이 더 좋다고 말한다. 보람도 있고 힘든 만큼 경제적인 대가도 따르기 때문이다. 청소 작업이 완료된 후 고객에게 현장 검수를 받는다. 이때 미진하다 싶은 부분이 발견되면 그 자리에서 보완한다. 문제의 쓰레기집은 청소 시작부터 마무리까지 장장 8시간이 걸렸다.

1000만 원 투자해 연 수입 1억

선민 씨 부부가 이처럼 하루 종일 일하는 경우 의뢰인에게 청구한 비용은 60만 원이다. 폐기물 처리 비용 5만 원과 기타 비용을 제하고 나면 부부의 하루 수입은 50만 원 정도다. 이렇게 부부가 청소로 1년에 벌어들이는 수입은 1억 원이 넘는다.

선민 씨 부부는 규모가 작은 청소부터 큰 청소까지 가리지 않고 일을 받는다. 계절에 따라 의뢰 건수에 차이가 있기 때문에 안정적인 수입을 위해서는 규모에 상관없이 다양한 일을 소화해야 한다. 다만 여기에는 한 가지 원칙이 있다. 일을 의뢰받을 때 일주일에 하루나 이틀은 스케줄을 비워두는 것이다. 단가가 높은 청소가 들어올 경우를 대비하기 위해서다. 작은 일로만 한 달 가득 채워놓으면 큰 일이 들어와도 받을 수 없기 때문이다.

이런 부부의 노력이 쌓여 2016년 최대 월 매출은 2000만 원 수준을 기록했다. 매출에서 인건비를 제외한 비용이 크지 않기 때문에 순수익은 상당히 높은 편이다. 선민 씨는 창업 후 매출이 조금씩 상승세를 타다가 어느 시점이 되자 크게 늘었다고 한다.

"흔히 사업이 불같이 일어난다고들 하잖아요. 저희도 어느 순간 갑작스럽게 일이 풀리면서 잘되더라고요."

선민 씨 부부는 빚 없이 사업하고 싶어서 청소 일을 택했다. 청소 일은 창업비용이 크게 들지 않는 대신 초창기 홍보가 중요하다. 당연히 홍보비를 들인 만큼 효과가 날 수밖에 없다. 선민 씨는 월세 내는 것처럼 매달 광고비가 들어갔다고 했다.

"광고비로 매달 100만 원에서 200만 원 정도가 나갔어요. 초기 투자금으로 1000만 원가량 쓰고 나니 제 수중에 남은 돈이 1000만 원밖에 없었어요. 그 돈이 광고비와 생활비로 빠져나가는 데 딱

3개월 걸리더라고요. 근데 거짓말처럼 그 돈이 없어지는 순간 돈벌이가 되기 시작했어요."

선민 씨는 지금의 매장으로 확장 이전하기 전 유동인구가 많은 곳에 2평 정도의 매장을 얻었다. 청소 사업은 현장을 방문해 하는 일이 대부분이라 매장이 없어도 큰 문제는 없지만 홍보 겸 창고로 사용하기 위해서였다. 부부는 매장 밖의 전면 유리창에 가족사진과 홍보 문구를 크게 붙여놓았다.

지혜 씨는 "이 사진 덕분에 동네분들이 저희 얼굴을 알아보시고 편안하게 일을 맡기시더라고요"라며 웃었다. 낯선 사람에게 집을 내어주고 청소를 맡기는 게 불안할 수도 있다. 그런데 선민 씨 가족이 환하게 웃는 사진이 이 같은 불안감을 덜어줄 뿐만 아니라 믿고 맡길 수 있겠다는 신뢰감을 심어준 것이다. 작은 아이디어였지만 이 사진 하나가 그 어떤 광고보다 큰 효과를 가져다주었음은 분명해 보인다.

비둘기 배설물 청소로 사업 확장

선민 씨 부부에게는 청소 의뢰가 없는 날이 곧 쉬는 날인 셈이다. 하지만 선민 씨는 일이 없어도 집에 가만있지 못하는 성격이다. 평

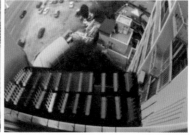

한 고층 아파트의 베란다에 쌓인 비둘기 배설물을 청소하는 선민 씨. 청소 후 직접 개발한 '버드 스파이크'를 설치해 비둘기의 접근을 막는다.

소 고된 일을 하는 만큼 하루쯤은 쉴 법도 한데 굳이 일용직으로 일하러 나가는 것이다.

그런 선민 씨가 요즘 쉬는 날 하는 홍보가 있다. 바로 비둘기가 많이 출몰하는 아파트단지를 중심으로 '비둘기 배설물 청소' 전단지를 배포하는 일이다. 고층 아파트의 에어컨 실외기 등에 비둘기 배설물을 쌓이면 미관상으로도 안 좋고 인체에도 유해할 수 있다. 그런데 에어컨 실외기 주변은 일반인들이 청소하기가 쉽지 않다. 위험하거니와 청소를 한다 해도 금세 비둘기가 다시 찾아와 지저분하게 만들기 때문이다. 선민 씨는 비둘기 배설물 청소를 하고 다시는 비둘기가 접근하지 못하도록 하는 서비스를 제공한다. 최근에 비둘기 배설물 청소를 의뢰받은 한 아파트의 경우 비둘기가 서식하다 못해 아예 베란다에 알까지 낳았다.

"처음에는 한두 마리가 왔다가 나중에는 가족이 돼서 다섯 마리,

여섯 마리가 서식하는 경우가 많아요. 그래서 주민분들도 상당히 스트레스를 받는 거죠."

한 고객은 "비둘기 배설물하고 털 때문에 아예 창문을 못 열었어요. 문을 열어두면 아이가 냄새가 난다고 하더라고요. 그래서 이걸 어떻게 해결할까 고민하다가 전단지를 보고 연락한 거죠"라며 청소를 의뢰하게 된 배경을 설명한다.

비둘기는 사람의 손이 닿지 않는 곳을 좋아하는 습성이 있어 특히 고층 아파트의 피해가 심각하다. 선민 씨 부부는 이처럼 비둘기로 인해 오염된 곳을 깨끗이 청소하고 다시 날아오지 않도록 직접 개발한 퇴치 장치인 '버드 스파이크'를 설치해놓는다. 비둘기 배설물 청소 아이디어는 고객의 집에 일하러 갔다가 우연히 들은 고민에서 착안한 것이다. 그때 이 부부는 아파트 외부 유리창 청소처럼 비둘기 배설물 청소도 전문가에게 맡겨 해결할 수밖에 없다는 것을 깨달았다. 그렇게 선민 씨는 청소의 범위를 한 발 더 넓힐 수 있었다.

이 부부가 쓰레기집이나 입주 청소, 비둘기 배설물 청소 이외에 새롭게 시작한 일이 하나 더 있다. 바로 고인의 유품을 정리하는 일이다. 선민 씨는 이 일에 대한 아이디어를 장례식장에서 일할 때 얻었다.

"장례식장에서 일할 때 보니 그런 일을 전문적으로 하는 사람이 없더라고요. 장례식장 직원들이 어쩌다 그런 일을 하고 그랬거든요."

선민 씨 부부는 유품 정리 일을 할 때는 다른 청소 일보다 더 신중하게 한다. 지혜 씨는 "쓰레기집이나 입주 청소와는 다른 느낌이죠. 하나를 하더라도 조금 더 신경 쓰게 되죠. 귀중품이 나오는 경우도 있으니까 한 번 더 보게 되고요"라고 말한다.

부부는 청소 일을 할 때 재활용 쓰레기가 많이 나오면 꼭 고물상 사장님을 불러 처리한다. 이렇게 하면 쓰레기 처리비용이 확 줄어들기 때문이다. 청소 사업과 고물상 사업의 협업을 통해 업무 효율은 높이고 비용은 줄이는 셈이다.

"저희는 언제 일이 끊길지 모르기 때문에 일이 들어오면 무조건 해요. 이를 위해 쉬는 날도 항상 대기 상태죠. 영화를 보다가 의뢰 전화를 받고 바로 나온 적도 있어요."

이렇게 말하는 지혜 씨의 표정은 영화를 못 봐서 아쉬운 것보다 일을 더 하게 돼 즐거운 눈치였다. 가진 것이 적었기에 남들이 기피하는 일을 선택할 수밖에 없었던 부부. 하지만 일에 한계를 두지 않고 주변에서 일어나는 일들에 귀를 기울인 덕분에 오늘날의 성공을 이룰 수 있었다.

청소 갑부 김선민 씨의
홍보 & 청소 영역 확장 노하우

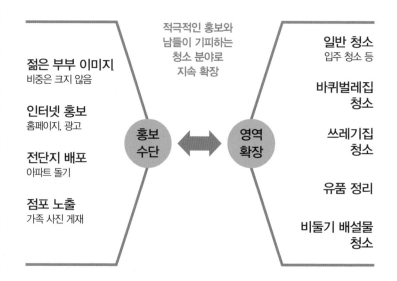

젊은 부부 이미지
비중은 크지 않음

인터넷 홍보
홈페이지, 광고

전단지 배포
아파트 돌기

점포 노출
가족 사진 게재

적극적인 홍보와
남들이 기피하는
청소 분야로
지속 확장

**홍보
수단**

**영역
확장**

일반 청소
입주 청소 등

**바퀴벌레집
청소**

**쓰레기집
청소**

유품 정리

**비둘기 배설물
청소**

이것만은 꼭! 한 줄 성공 비법

● 남들이 기피하는 일일수록 수익은 커진다.

● 3D 일을 젊은 부부가 함께하면 더욱 큰 경쟁력을 가질 수 있다.

● 3D 분야를 노하우와 기술이 접목된 전문서비스 영역으로 개발해야 돈
  이 된다.

상호 • 소울크린
대표자 • 김선민
주소 • 경기도 의정부시 신곡동 장금로 30
영업시간 • 오전 8시~오후 5시
(상황에 따라 변동 가능)
정기휴일 • 없음
점포 면적 • 약 17평

소울크린 연 수입(제작진 추산)

하루 수입 약 50만 원
최대 월 수입 약 2000만 원

1억 원대

찾아가는
식당으로 대박

공주밥차 박해성

허황된 욕심 때문에
한순간에 빚쟁이가 된 남자.
결국 자신이 제일 잘하는
분야로 돌아와 연 매출 6억의
서민갑부로 우뚝 섰다.

새참도 배달 가능

들판을 신나게 달려가는 미니버스 한 대가 있다. 이 버스는 사람들이 부르는 곳이면 도심이든 논두렁이든 아랑곳하지 않고 찾아간다. 오늘 이 버스의 목적지는 막바지 수확이 한창인 마늘밭이다. 버스가 마늘밭에 도착하자 농사일을 하던 어르신들이 잠시 일을 멈추고 버스 주변으로 삼삼오오 모여든다. 이 버스의 정체는 바로 '밥차'다. 땀 흘려 일하는 사람들에게 새참을 제공하기 위해 나타난 것이다. 밥차의 존재가 알려지기 전까지만 해도 새참은 대개 밭 주인이 집에서 준비해오는 것으로 생각했다. 그런데 이 밥차의 등장으로 언제 어디서든 간편하게 새참을 주문해서 먹을 수 있는 시대가 된 것이다. 이 색다른 밥차 아이디어로 박해성(54) 씨는 당당히 서민갑부가 됐다.

해성 씨가 정성껏 준비해온 한 끼 식사는 농사일의 고단함을 잠시나마 잊게 해준다. 비록 논밭 옆에 차려진 밥상이지만 어르신들은 모두 맛있게 드신다. 이날 식사는 나이 드신 분들이 대상이라 밥도 살짝 부드럽게 지었다. 어르신들이 식사를 하는 동안 해성 씨는 밥차 옆의 커다란 주전자에 물을 끓인다. 식후에 커피를 마실 수 있도록 미리 준비하는 것이다.

주문 고객의 연령대와 식성를 고려해 꼼꼼히 음식을 준비하는 까닭에 해성 씨는 이 지역에서 이미 유명 인사가 됐다. 각종 지역 행사나 축제가 열리는 곳에서는 어김없이 해성 씨의 밥차를 찾는다. 덕분에 해성 씨가 밥차로 올리는 연 매출은 6억 원이 넘는다. 포화 상태라는 음식점 장사에도 틈새시장이 있다. 해성 씨는 그 틈새시장을 잘 공략해 오늘날의 성공을 이룬 것이다.

미다스의 손에서 빚쟁이로 전락

해성 씨는 군대 취사병 출신이다. 밥차를 하기 전부터 음식 장사를 해왔다. 그가 손대는 음식점마다 성공을 거둬 한때 '미다스의 손'으로 불렸다. 급식센터와 기사식당을 운영할 때는 한 달에 1000만 원 이상 벌었다.

"식당을 하면서 30세 이전에 큰돈을 만졌습니다. 제가 그쪽으로

해성 씨의 밥차는 고객이 부르는 곳이면 도심이든 논두렁이든 아랑곳하지 않고 달려간다.
한 행사장을 찾은 이날의 밥차 매출은 175만 원(오른쪽).

감이 좀 있더라고요. 그런데 그 감을 너무 믿은 것이 문제였죠. 귀도 얇았고요."

음식 장사로 승승장구하던 시절, 그에게 새로운 사업 제안이 들어왔다. 단무지 공장을 운영하는 일인데 잘만 하면 지금보다 훨씬 많은 돈을 벌 수 있다고 했다. 식당이 아닌 회사 사장님이란 타이틀에도 욕심이 났다. 노지에 무를 묻어두기만 하면 금방 큰돈을 벌 수 있다는 달콤한 말만 믿고 사업성도 꼼꼼히 따져보지 않고 덜컥 투자했다.

"처음에는 1억만 투자하려 했는데 전화가 와서 '사장님, 지금 무 시세가 1kg에 100원씩 떨어졌는데 이럴 때 더 묻어둬야지요' 하는 거예요. 당시엔 주변에서 돈도 잘 빌려줬어요. 그래서 과감하게 3억을 투자했죠."

남의 말만 듣고 알지도 못하는 분야에 당초 생각보다 더 많은 금액을 투자한 것이다. 하지만 말처럼 성공은 쉽게 찾아오지 않았다. 빚까지 져가며 묻어놓은 무들이 다 썩고 만 것이다. 대박의 꿈과 회사 사장님이란 타이틀이 한순간에 물거품이 됐다.

"'망했구나, 이제 끝이구나' 싶었어요. 수중에 한푼도 없는데 갚아야 할 돈은 쌓여 있고. 진짜 힘들었어요."

결국 해성 씨는 부모님의 도움을 받아 새롭게 음식 장사를 시작했다. 음식 장사만큼은 자신이 있어 규모도 크게 했다. 성공을 확신했지만 해성 씨의 고깃집은 나라를 뒤흔들었던 광우병 파동과 함께 순식간에 무너졌다. 식당에 단 한 명의 손님도 오지 않는 날이 이어졌다. 해성 씨는 그때를 이렇게 회상했다.

"그 정도로 장사가 안 되면 빨리 접었어야 했어요. 그런데 '몇 개월만 지나면 사람들이 다 잊을 거야. 그러니 조금만 더 버텨보자' 하며 2년 넘게 끌었어요. 제 예상은 보기 좋게 빗나갔고 저는 또다시 빚 독촉 전화에 시달리는 신세가 된 거죠."

힘들 때 다시 생각나는 건 부모님이었다. 해성 씨는 부모님께 또 한 번 손을 내밀었다. 그런데 며칠 후 누나가 찾아왔다. 누나는 그에게 "정신 좀 차려. 그 돈이 어떤 돈인 줄 알아? 어머니가 너 때문에 논까지 팔았어. 너 장사 밑천 댄다고!" 하고 소리를 질렀다. 생각지도 못한 누나의 말에 해성 씨는 깜짝 놀랐다.

"시골에 가보면 자식 뒷바라지하려고 땅을 처분하신 분들이 많아요. 저는 그렇게까진 손 벌리지 않았다고 생각했는데 누나의 말을 듣고 너무 부끄러웠다고나 할까요? 부모님께 죄송한 마음도 컸고요."

해성 씨는 결국 고깃집을 정리하고 외진 곳에 공사 현장 인부들을 대상으로 하는 식당을 열었다. 그리고 지리적인 단점을 극복하고 매출을 높이기 위한 수단으로 이동 밥차를 함께 운영하기로 했다. 그는 밥차를 하고 나서야 자신의 길을 찾았다는 생각이 들었다. 비싼 수업료를 치른 후 제대로 된 밥을 짓게 된 것이다.

"이 일이 저한테 잘 맞고 재미도 있어요. 제 능력이 어느 정도인지도 알게 됐고요."

밥장사에서 벗어나고 싶어 발버둥 치던 시절도 있었다. 그때는 밥을 짓는다는 것이 누군가에게 온기를 전하는 일이라는 사실을 몰랐다. 하지만 이제 해성 씨는 밥 한 그릇의 소중함을 누구보다 잘 안다. 그렇기에 그를 찾는 곳이면 어디든 정성을 담은 밥차와 함께 달려갈 준비가 돼 있다.

요식업과 서비스업이 결합된 밥차

해성 씨의 식당은 충청남도 공주시의 인적이 드문 곳에 자리 잡고 있다. 주변에 주로 공장과 공사장이 있는 구시가지다. 식당만 운영해서는 먹고살기가 쉽지 않은 여건이다. 사람들의 왕래가 많지 않은 곳이기 때문이다. 그래서 해성 씨는 '찾아가는' 밥차를 함께 운영하게 된 것이다. 식당 상호도 '공주밥차'다.

이 식당 뒤쪽 주방에서 해성 씨는 밥차에 실을 음식을 준비한다. 주방에는 한 번에 500인분의 밥과 국을 만들 수 있는 대형 솥이 있다. 많을 때는 수백 명의 단체 손님을 치러야 하다 보니 한 번에 만드는 음식 양도 엄청나다. 반찬 종류도 다양해 준비하는 시간도 만만치 않다. 반찬은 주문한 사람들의 연령대와 식성을 고려해 구성한다. 예를 들어 고객이 학생이면 고기와 소시지 반찬 등을 넉넉히 마련하고, 나이 드신 분들이 많으면 딱딱한 음식은 피하고 될 수 있으면 목 넘김이 좋은 음식으로 준비한다.

만드는 데 시간이 오래 걸리는 음식은 해성 씨가 새벽에 나와 미리 준비하고 그사이 직원들이 출근해 그의 일을 돕는다. 밥차에서 가장 중요한 밥과 국, 주 메뉴는 반드시 그가 챙긴다.

해성 씨의 밥차는 젊은이들 사이에서 창업 아이템으로 인기가 높은 '푸드트럭'과는 다르다. 푸드트럭은 트럭 내부에 가스, 전기, 수도 시설을 설치해놓고 현장에서 조리해 판매한다. 푸드트럭을 운영하려면 무엇보다 판매 장소 관할지에서 영업허가를 받아야 한다. 문제는 이 영업허가를 받을 수 있는 장소를 찾는 것이 쉽지 않다는 점이다. 그래서 노점에서 불법으로 영업을 하는 푸드트럭이 많다. 이런 식으로 장사하다 보면 안정적으로 운영하기 어렵고 고정된 수입을 확보하기도 쉽지 않다. 공간이 협소해 만들 수 있는 품목도 제한적이고 재고 관리도 힘들다.

이에 비해 밥차는 미리 준비한 식사를 배달하는 방식으로 운영한다. 회사 체육대회장, 각 지방의 축제장 등이 밥차의 주요 배달지다. 이 때문에 주 메뉴부터 가격, 식사 장소와 시간까지 모두 고객의 주문에 따라 결정된다. 밥차는 요식업과 서비스업이 결합된 형태라고 보면 된다.

항상 고객의 입장에서 생각하라

수백 명이 참여하는 행사에서 프로그램만큼이나 중요한 것이 바로 식사다. 부실한 식사는 애써 준비한 행사를 망칠 수도 있다. 때문에 행사 담당자에게 식사 준비는 큰 부담일 수밖에 없다. 이를 알기에 해성 씨는 약속 시간보다 최소 1시간 이상 일찍 도착해 준비를 마친다. 혹시라도 사고가 나서 길이 막히거나 주차에 문제가 생기는 등 예상치 못한 일로 식사에 차질이 생기는 것을 미연에 방지하기 위해서다.

해성 씨가 음식을 배식하기 편하게 세팅한 후 테이블과 의자를 가지런히 펼쳐놓으면 준비가 끝난다. 드디어 배식이 시작되고 사람들이 줄을 서서 음식을 그릇에 담는다. 그러다 갑자기 사람들이 몰려들어 줄이 길어지면 해성 씨가 직접 배식에 나선다. 그래도 줄이 안 줄면 배식대를 하나 더 만들어 기다리는 시간을 최소화할 수 있도록 배려한다.

고객들이 식사하는 동안 해성 씨는 멀찌감치 서서 그 모습을 지켜본다. 그러다 음식이 떨어지기라도 하면 바로 달려가 채우거나 식사 후 남은 음식물 정리 등을 돕는다.

"고객들이 필요로 하는 건 가까이에서는 잘 보이지 않아요. 멀찌감치 서서 넓게 봐야 알 수 있죠."

해성 씨는 고객이 도움을 청할 때까지 절대 앉아서 기다리지 않는다. 말하기 전에 먼저 달려가 챙긴다. 고객이 식사를 다 하고 하나둘씩 빠져나간 후 자리를 정리하는 일도 직원들과 함께한다.

"밥차를 운영하면서 음식만 갖다 주면 할 일이 다 끝났다고 생각하는 사장님들이 있어요. 그런데 저는 그렇게 생각하지 않아요. 밥을 먹는 사람들의 표정과 불편한 점을 살펴보고 식사 뒷정리까지 제가 다 해결하려고 노력을 합니다."

해성 씨는 밥차 운영에 식사 고객뿐만 아니라 '주최 측 고객'도 중요하다고 강조한다.

"'밥차 사장이 식사가 끝날 때까지 세심하게 신경 쓰고 있다는 점을 주최 측 관계자들이 느낄 수 있도록 하는 게 중요해요."

이런 측면에서 보면 밥차는 두 종류의 고객을 상대하고 있는 셈이다. 밥차를 주문하는 '주최 측 고객'과 '식사 고객'이다. 어느 한쪽이 아니라 두 고객 모두 만족시켜야 거래 관계를 계속 유지할 수 있다. 이를 위해 해성 씨가 항상 자문하는 것이 있다.

"내가 어디 가서 7000원 주고 밥을 사 먹는다고 가정할 때 이 음식이 과연 그 가격에 합당한지, 너무 짜거나 싱겁지는 않은지, 반찬이 편중되지 않고 골고루 준비돼 있는지 등을 스스로에게 물어봐요. 밥차 운영자가 아니라 소비자 입장에서 한 번 더 생각하는 거죠."

해성 씨는 음식 장사에서 제일 중요한 것은 음식의 질과 서비스라고 강조한다. 한 사람의 고객이 만족했다고 그가 두 명의 손님을 데리고 오리라는 보장은 없다. 하지만 만족하지 못한 한 명의 고객이 열 사람의 고객을 떨어뜨릴 수 있다고 그는 말한다.

그래서 해성 씨는 먹는 사람뿐만 아니라 행사 담당자가 믿고 맡길 수 있는 최적의 환경을 제공하려 노력한다. 식사를 처음부터 끝까지 온전히 책임지는 것. 이렇게 신뢰를 쌓은 덕분에 행사 담당자들은 해마다 그를 다시 찾는다.

해성 씨가 밥차의 홍보를 위해 신경 써서 하는 일이 또 있다. 바로 행사가 열리는 곳 근처에 밥차를 일부러 주차시켜놓고 오가는 사람들이 자연스럽게 볼 수 있도록 하는 것이다. 아직 밥차의 존재를 모르는 사람이 많아 이 방법은 꽤 효과적이다. 실제로 이 덕분에 인연을 맺어 수년째 해성 씨를 찾는 단골도 많다.

고정 거래처 확보해 비수기에 대비

밥차를 운영하는 데 가장 큰 어려움 중 하나는 성수기와 비수기의 매출 차가 크다는 점이다. 야외 활동하기 좋은 봄, 가을은 업계에선 손꼽는 성수기다. 특히 고객이 많은 10월에는 일주일에 두세 번 운영하는 밥차만으로 월 매출이 4000만 원 이상 된다. 하지만 무더위가 절정인 7~8월이면 매출이 급격히 떨어진다. 그래서 자신처럼 밥차를 운영하려는 사람들에게 해성 씨가 꼭 해주는 이야기가 있다.

"비수기에는 매출이 안 좋아요. 때문에 고정 거래처를 확보할 자신이 없다면 밥차를 하지 말라고 해요. 저희는 고정 거래처가 있어 매달 기본 매출 2000만 원은 올리기 때문에 지금처럼 유지할 수 있는 거죠."

해성 씨가 외부 행사 이외에 1년 내내 밥을 가지고 가는 곳들이 있다. 예컨대 박물관에서 근무하는 직원들을 위한 점심 식사 서비스다. 구내식당이 없고 주변에 먹을 만한 곳도 마땅치 않아 고민하는 직원들에게 부담 없는 가격으로 맛있는 밥 한 끼를 제공하는 것이다. 전체 매출에서 차지하는 비중은 크지 않지만 매일 꾸준하게 거래하고 있기에 고정 수입원이 된다.

2016년 1월, 해성 씨는 대전에 있는 한 식당을 인수했다. 한 번에 530명까지 동시 입장이 가능한 규모가 큰 식당이다. 이곳은 항상 영업하는 식당이 아니라 단체 관광객이나 수학여행단 등을 받아 운영한다. 문을 연 지 이제 1년이 조금 넘었는데 생각보다 사업이 잘되고 있다고 한다.

한 가지 일에 안주하지 않고 자신이 경쟁력 있는 분야를 토대로 사업을 확장하는 것. 이것이 해성 씨가 서민갑부가 될 수 있었던 또 다른 비결이다.

해성 씨가 밥차를 운영하면서 항상 강조하는 것은 '준비성'이다. 그는 큰 행사가 잡히면 누구보다 먼저 주방에 나가 일하고, 행사장에는 항상 여유 있게 도착해 음식 세팅을 한다. 단체손님을 상대할 때는 언제든 돌발 상황이 발생할 수 있기 때문에 문제가 생기지 않도록 하려면 철저한 준비성이 기본이다. 그는 또 한 달에 한 번은 꼭 차량 정비소를 찾는다. 밥차 상태를 미리 점검받기 위해서다.

"우리가 좋은 길로만 가는 게 아니잖아요. 비포장도로라든지 이런 곳에 길이 있나 싶을 정도의 울퉁불퉁한 산길을 가야 할 때도 있어요."

해성 씨는 사업 초반, 길에서 차가 멈춰 아찔했던 기억이 있다. 그날 이후 매달 차량 점검을 받는다. 신뢰는 쌓기도 힘들지만 한번 잃어버리면 다시 회복하기 힘들다는 걸 누구보다 잘 알기 때문이다.

해성 씨가 미래를 위해 준비하고 있는 것이 또 하나 있다. 이를 위해 그는 공주 시내 체육관과 문화센터에서 가까운 곳에 각각 350평, 220평의 땅을 샀다.

"이곳에 5~6층짜리 건물을 지어 1층은 주방, 2층은 사무실 그리고 나머지 층은 관광객이나 행사 손님을 받을 수 있는 식당으로 꾸미고 싶어요."

해성 씨는 공주시와 대전시로 나눠 운영 중인 밥차와 식당을 하나로 모아 운영할 꿈에 부풀어 있다. 그는 한때 한 방에 성공하기를 바랐던 적이 있다. 하지만 지금은 성공이 한 칸 한 칸 올라가야 하는 계단이라고 생각한다. 그리고 그 계단을 오르기 위해서는 철저히 준비하고 부단히 노력해야 한다는 걸 누구보다 잘 안다.

밥차 갑부 박해성 씨의
사업 영역 구분 & 경영 노하우

음식점에서 틈새시장을 영위하기 위해서는 해당 영역의
경영 노하우를 확보해야 한다

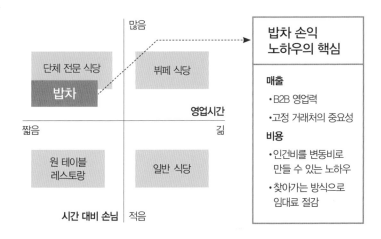

이것만은 꼭! 한 줄 성공 비법

● 밥차는 푸드트럭과 다르다. 음식뿐 아니라 서비스까지 만족시켜야 일
  회성 고객이 아니라 영원한 고객이 될 수 있다.
● 밥차를 잘 운영하려면 늘 돌발상황에 대비해야 한다. 책임감 있는 현장
  관리와 정기적인 차량 점검은 필수다.
● 밥차는 계절에 따라 매출 차이가 크므로 고정 거래처를 확보해 비수기
  에 대비해야 한다.

상호 • 공주밥차

대표자 • 박해성

주소 • 충청남도 공주시 봉황로 130

영업시간 • 오전 11시 30분~오후 2시

　　　　　(매장은 점심 때만 영업, 밥차 운영 시간은 협의)

정기휴일 • 토, 일요일

점포 면적 • 약 50평

공주밥차 연 매출(제작진 추산)

2016년 10월 매출 4045만 원

＋ 고정거래처 월 매출 2000만 원

약 6억 원

꽃 심고 인생도 활짝 피다

15

꿈엔들 박건영, 서정희 부부

무리한 사업 확장으로
3억 원의 빚을 지고 실의에 빠진 남편에게
100만 원을 건넨 아내.
남편은 그 돈을 종잣돈 삼아
다시 희망의 씨앗을 뿌렸다.

모두가 반대할 때 시작한 사업

　누구보다 섬세한 남자가 있다. 자연을 집 안으로 들여와 삶을 풍요롭게 만드는 남자. 싱그러운 나무와 아름다운 꽃으로 성공을 거머쥔 조경 서민갑부 박건영(43) 씨다. 적게는 몇십 만원부터 크게는 몇천 만원까지 그가 조경 사업으로 벌어들이는 돈은 1년에 3억 원이 넘는다. 업계에선 비수기라 일컫는 여름에도 밀려드는 주문을 소화하기 위해 그는 하루 24시간이 부족할 정도로 바쁘게 일한다. 조경 사업에 뛰어든 지 20년. 이제는 조경수를 키울 토지까지 매입해 그곳에서 새로운 도약을 준비하고 있다.

　어릴 때부터 유난히 손재주가 좋았던 건영 씨는 성인이 된 후 조경 물품을 판매하는 가게에서 일하게 됐다. 그는 손님이 없는 한가한 시간에 자신의 손기술을 이용해 조경과 관련된 장식 소품을 만들곤 했다. 조경용 초가집, 물레방아, 분수 등이 그렇게 그의 손에서 탄생했다.

처음부터 판매하려던 목적은 아니었다. 단지 만드는 게 즐거웠다. 그는 직접 제작한 소품을 그냥 두기 아쉬워 가게 앞에 장식해두었다. 그러던 어느 날 뜻밖의 일이 생겼다. 한 손님이 그 소품을 유심히 보더니 이렇게 말하는 것이 아닌가.

"이거 전부 직접 만드신 거예요? 정말 예쁘네요. 제가 다 살 테니 이 초가집이랑 물레방아랑 주변의 꽃들도 같이 주세요."

심심풀이로 만든 소품을 손님이 돈을 주고 사 가다니⋯⋯. 건영 씨는 깜짝 놀랐다.

"큰돈은 아니었지만 제가 만든 것이 팔리는 걸 보니 신기하더라고요."

건영 씨는 자신이 만든 제품의 가치를 누군가가 알아봐준다는 사실이 기뻤다. 그러면서 그는 조경 사업을 해야겠다는 꿈을 갖게 됐다.

하지만 주변 상황은 썩 좋지 않았다. 가끔씩 찾아오는 조경 관계자는 요즘 장사가 너무 안 된다고 아우성이었고, 실제로 하던 사업을 정리하는 경우도 많았다. 이들은 건영 씨가 조경 사업을 하는 것을 하나같이 말렸다. 누구 하나 응원하는 사람이 없었다. 하지만 건영 씨는 어렵게 갖게 된 꿈을 포기하고 싶지 않았다.

"주변 사람들이 '사업이 그렇게 쉬운 줄 아냐'고 했죠. 그러면서

'조경 사업이 잘되면 너나 나나 다 하겠지' 그랬어요. 그런데 저는 자신이 있었거든요. 제가 직접 조경 소품도 만들면 당연히 더 이익을 남길 수 있어 경쟁력이 있다고 생각한 거죠."

모두가 아니라고 했지만 건영 씨는 오히려 지금이 적기라고 판단했다. 후회하고 싶지 않았고 자신은 준비가 돼 있다고 자부했다. 사업 개시의 적정 타이밍은 준비돼 있을 때다. 그 준비 여부는 단지 감으로만 알 수 있는 것이 아니다. 사업 현장에서 고객을 만나면서 스스로 피부로 느낀 것이어야 한다. 건영 씨는 현장 경험을 통해 '이게 왜 안 돼?'라고 자문할 만큼 자신감을 갖고 있었다. 그렇게 건영 씨는 모두가 말리던 조경 사업으로 새로운 도전을 시작했다.

무리한 투자로 3억 빚을 지다

건영 씨는 사람들에게 여러 나무 소품이 쌓여 있는 곳을 자신의 '보물창고'라고 소개한다. 직접 제작한 다양한 나무 소품은 건영 씨 사업의 가장 큰 경쟁력 중 하나다. 소품이지만 수익원으로서 중요한 구실을 하기 때문이다.

"조경 소품은 크면 클수록 단가 차이도 커요. 조그만 물건은 3만 ~4만 원이지만 큰 물레방아는 300만 원부터 비싼 것은 500만 원이 넘는 것도 있어요."

이제는 그가 만든 소품만 따로 주문이 들어올 정도로 인기다. 건영 씨가 직접 만드는 조경 박스(Plant Box)도 그의 사업이 자리 잡는 데 큰 구실을 했다.

조경 박스는 안에 흙을 넣고 거기에 식물을 심는 용도로 활용된다. 이것만 있으면 실내에 별도의 조경 틀을 만들지 않아도 돼 편리하고 비용도 적게 든다. 목재를 다루는 손재주가 뛰어난 건영 씨는 이 조경 박스를 맞춤형으로 만들어 판매한다.

조경 박스는 특히 방수가 중요하다. 실내에 설치하는 제품이다 보니 방수가 잘못되면 자칫 집 안을 물바다로 만들 수 있기 때문이다. 건영 씨는 자재 선택부터 방수용 시트지 부착까지 꼼꼼히 신경 쓴다. 최근 실내조경을 많이 하는 추세라 지금도 틈이 나는 대로 조경 박스를 만들어둔다.

건영 씨의 조경 사업이 계속 순조롭게 성장한 것은 아니다. 좌절의 순간도 있었다. 조경 사업이 조금씩 자리 잡아갈 무렵이었다. 알고 지내던 한 거래처 사장이 건영 씨에게 제안을 했다. 당시 건영 씨는 작은 규모의 일만 하고 있었는데 이 사장이 3억 원대의 조경 사업을 제안한 것이다. 평소에 생각지도 못했던 역대의 조경공사 하청 의뢰가 들어오자 건영 씨는 욕심이 났다. 사업 규모가 커지면 평소에 해보고 싶었던 디자인도 마음껏 할 수 있을 것 같았다. 공사

계약서도 제대로 만들지 않고 일을 시작했다. 필요한 장비를 빌리고 기술자를 불러 모아 작업을 진행했다. 하지만 건영 씨에게 약속된 돈은 결국 입금되지 않았다.

"제가 돈을 못 받은 건 둘째 치고 저를 믿고 선뜻 일해주었던 인부들의 인건비와 장비비조차 제대로 지급이 안 된 거죠. 그분들에게 제가 벌어서 갚는다고 양해를 구했지만 설득하기 쉽지 않았어요. 그 압박이 너무 심했죠."

신뢰가 생명인 업계에서 그렇게 건영 씨는 돈도 잃고 사람까지 잃었다. 건영 씨는 그 일로 3억 원의 빚을 지게 됐다. 그때까지 일하면서 번 돈보다 더 많은 빚이었다. 건영 씨는 모든 것을 잃었다고 생각했다. 하루하루 사는 것이 괴로웠다. 더 이상 삶에 희망이 없다고 느꼈을 때 선택할 수 있는 건 아무것도 없었다. 자괴감으로 삶의 끈을 내려놓고 싶기까지 했다.

아내 정희(40) 씨는 그때를 이렇게 회상했다. "남편이 아침마다 농약 제초제를 보면서 생각했대요. '차라리 이걸 마셔버릴까? 과연 내가 이겨낼 수 있을까?'"

정희 씨가 그 당시가 생각난 듯 눈물을 흘렸다. 건영 씨도 그때 일을 떠올리며 한숨을 쉬었다.

"'우리가 나쁜 짓을 한 것도 아닌데 왜 이런 일이 생긴 걸까?' 당시엔 세상이 불공평하다고 하늘을 원망했죠."

정희 씨는 좌절에 빠진 남편에게 다시 희망을 주고 싶었다. 건영 씨는 당시 소규모 공사 의뢰가 들어와도 기본 자재조차 살 돈이 없어서 일을 진행할 수 없었다. 그때 정희 씨가 100만 원을 빌려온 것이다. 그녀는 이 돈이 희망을 새롭게 끌어올리는 마중물이 되기를 기도했다. 남편에게 다시 조경 일을 할 수 있다는 용기를 주고 싶었다. 정희 씨는 "남편이 100만 원을 보더니 우리에게 기회가 온 거라며 굉장히 좋아하더라고요"라고 말했다. 건영 씨는 "그 돈이 지금의 저를 만든 것 같습니다"라고 했다. 그렇게 100만 원을 마중물삼아 부부의 사업은 새롭게 시작됐다.

미리 준비해 고객의 시간을 아껴라

건영 씨는 스스로를 "조경 사업을 하는 사람"이라고 소개한다. 그리고는 "할 수 있는 일은 다 한다"고 힘주어 말한다. 평소 실내조경 일을 많이 하지만 딱히 가려서 하진 않는다. 아파트 실내정원은 물론 외식 매장이나 회사, 관공서, 학교의 정원 설치와 관리 그리고 건물 옥상조경까지 다양한 분야의 일을 한다.

조경 업계의 비수기라고 알려진 8월에도 건영 씨의 일정은 가득차 있다. 건영 씨는 이 일이 작게는 100만 원짜리부터 크게는 2000

만 원짜리 공사까지 편차가 있다고 말한다. 바뀐 건축법에 따라 일정 규모 이상의 건축물을 신축할 경우 조경시설이 의무화되면서 단가가 높은 외부 공사가 많아졌다고 한다. 2016년 8월 한 달 동안 건영 씨가 의뢰받은 일의 총 매출은 실내조경, 실외조경, 소품 제작까지 포함해 3500만 원 수준이다. 비수기 치고는 상당히 높은 편이다. 건영 씨는 "저희는 조경 공사가 있을 때와 없을 때 매출 차이가 큰 편인데 평균적으로 봤을 때 연 매출 5억 원 정도라고 생각하면 될 거 같아요"라고 말한다.

건영 씨가 가장 많이 하는 공사는 바로 아파트 거실에 미니정원을 만드는 일이다. 의뢰를 받으면 고객과 사전에 충분한 의논을 거쳐 공사에 들어간다. 공사는 먼저 거실에 조경 공간을 위한 틀을 만드는 일부터 시작된다. 틀 안에는 물이 새지 않도록 방수 작업을 완벽하게 한다. 틀이 완성되면 식재를 위해 실내용 흙인 인공토를 붓

건영 씨가 가장 많이 하는 일은 아파트 거실에 미니정원을 만드는 일이다. 건물 등에 실내정원을 설치한 경우 시공 후 1년 동안 두 달에 한 번 정도 사후관리 서비스를 한다(오른쪽).

는다. 식재를 할 때는 큰 나무를 먼저 심어 정원의 전체적인 구도를 잡는다. 그런 다음 큰 나무 사이사이를 작은 식물로 채운다. 조경하는 사람들 사이에선 식물에도 앞, 뒤가 있다고 표현하는데 실내정원은 앞면만 보기 때문에 예쁜 쪽을 앞으로 둬야 한다. 이러한 과정을 거쳐 정원이 만들어지는 동안 정희 씨는 식물마다 일일이 이름을 달아주고 고객에게 관리 방법 등을 알려준다. 오늘 아파트 미니정원 작업은 3시간 정도가 걸렸다. 총비용은 146만 원으로 이중 30~50% 정도가 건영 씨의 순수익이 된다.

보통 실내정원을 조성하는 데 걸리는 시간은 최소 하루. 하지만 건영 씨의 경우 짧게는 1시간에서 길어도 3~4시간이면 충분하다. 그 비법은 바로 식물을 제외한 모든 자재를 미리 준비해두는 것이다. 이를 위해 외부 일을 하지 않는 밤늦은 시간과 이른 새벽엔 늘 조경에 필요한 소품과 자재를 만든다는 건영 씨. 덕분에 그의 출근 시간은 언제나 오전 6시, 퇴근 시간은 정해놓지도 않았다.

건영 씨가 실내정원 공사를 너무 빨리 끝내는 바람에 시간 대비 비싼 금액을 청구했다고 오해하는 고객도 있었다. 하지만 건영 씨는 여전히 미리 준비해 작업 시간을 아끼는 것이 결국 고객을 위하는 일이라 믿고 있다.

아파트 실내정원처럼 몇 시간이면 끝나는 일도 있지만 규모가 크고 시간이 많이 소요되는 공사도 있다. 대표적으로 옥상조경 공사를 들 수 있다. 보통 상가의 경우 공사 기간만 일주일 이상 소요되고 들어가는 자재 규모와 인건비도 만만치 않다. 큰 조경 공사를 앞두고 건영 씨는 업체를 방문해 필요한 목재와 자재를 꼼꼼하게 살펴 구매한다. 옥상조경 공사에 필요한 나무를 구하기 위해서는 사전에 식물원도 방문해야 한다. 건영 씨는 넓은 식물원 구석구석을 뒤져 마음에 드는 나무를 찾고 상태를 직접 확인한다. 이러한 과정을 통해 사전 준비가 완료되고 나면 준비한 자재를 옥상으로 옮긴다. 대형 크레인으로 엄청난 무게와 양의 자재를 쉼 없이 올려야 하기 때문에 혹여 안전사고라도 나지 않을까 주의를 기울여야 한다.

건영 씨는 작업의 전 과정에 참여해 모든 사항을 꼼꼼히 체크하고 지시한다. 정희 씨는 작업에 몰두하는 건영 씨를 보조하고 틈틈이 휴식을 취할 수 있도록 돕는다. 이런 과정을 통해 상가 옥상조경 공사가 마무리되면 먼지와 에어컨 실외기 바람만 휘날리던 곳이 알록달록 예쁜 꽃과 푸른 식물 그리고 편안한 의자와 테이블이 있는 공간으로 탈바꿈하게 된다. 여기에 건영 씨가 직접 만든 미니폭포까지 설치하면 옥상은 예쁜 도심 속 정원이 된다.

고객이 원하는 일에 거절은 없다

건영 씨의 조경 사업체는 큰 규모가 아니다. 부부가 중심이 된 사업이다. 이 사업의 경쟁력은 결국 부부가 어떻게 운영하는가에 달려 있다. 그런 면에서 본다면 건영 씨 사업의 경쟁력은 그가 모든 일을 직접 진행하고 관여하는 데서 나온다. 사람을 불러 일을 시킬 때도 뒷짐 지고 지켜보지 않는다. 전문 목수를 불러놓고 직접 나무를 재단할 때도 있고 기술자를 두고 용접하기도 한다. 이에 대해 정희 씨는 이렇게 말한다.

"지시만 하고 지켜보는 것보다 본인이 함께하는 게 훨씬 더 일이 빠르게 진행되니까요. 그리고 본인이 또 그런 일을 직접 배우고 싶어 해요. 옆에서 보고 거들면서 자연스럽게 기술을 익히는 스펀지 같은 사람이라고나 할까요?"

그렇게 손수 하다 보니 건영 씨 일의 범위도 넓어졌다. 공사가 시작되기 전에는 '공간 디자이너'가 되고, 공사를 진행하면서는 '현장 소장'인 동시에 '전문 기술자'가 된다. 이 모든 일을 스스로 하면 당연히 인건비도 줄일 수 있고 공사 기간도 단축할 수 있다. 일을 시키는 사람과 고용된 사람 사이에서 소통이 잘못돼 발생할 수 있는 문제도 줄어든다. 일을 모르고 시키는 것과 알고 시키는 것에는 큰 차이가 있다. 또한 그냥 앉아서 지시하는 것보다 함께 참여하면 훨씬 꼼꼼하고 효율적으로 일할 수 있다. 건영 씨가 사업 초기에 경쟁력을 가질 수 있었던 이유도 조경 소품을 스스로 제작할 수 있는 능력 덕분이었다. 그는 지금도 사후관리 서비스 요청이 오면 장화를 신고 바로 달려가 수리한다.

이쪽 사업은 일반적으로 공사를 따오는 사람과 따온 일을 수행하는 사람이 따로 있다. 몸은 일을 진행하는 쪽이 힘들지 몰라도 힘을 갖게 되는 쪽은 공사를 따오는 사람이다. 그래서 일반적으로는 공사를 따온 사람이 하청 방식으로 일을 맡긴다. 당연히 공사를 따온 사람이 '갑'이다. 공사로 성공하려면 '하청' 일만 하는 것이 아니라 '수주' 능력이 있어야 한다. 그러려면 직접 고객을 만나야 한다.

건영 씨도 고객과 일대일로 소통하는 영업 활동을 병행한다. 또 홈페이지와 블로그에서 견적 상담을 하고 주문도 받는다. 누가 대신 해주는 일은 계속 그 사람의 눈치를 봐야 한다. 그렇게 되면 그 누군가의 능력에 따라 사업의 성패가 판가름 난다. 자영업은 '누가' 주는 일을 받아서 하는 게 아니라 '손수' 모든 일이 가능해야 본질적으로 경쟁력을 가질 수 있다.

건영 씨의 성공 요소로 또 한 가지 주목해야 할 부분은 서비스 마인드다. 건영 씨는 건물 등에 실내정원을 설치한 경우 시공 후 1년 동안 두 달에 한 번 정도 방문해 사후관리 서비스를 하고 있다. 이러한 서비스를 통해 식물도 관리해주고 팁까지 전한다. 당연히 고객 만족도가 높다. 건영 씨 부부가 이렇게 사후관리 서비스를 제공하는 거래처가 광주 시내에서만 30곳이 넘는다. 그는 당장 돈이 되지 않거나 인건비를 받지 못해도 일을 돕는 경우가 자주 있다.

어찌 보면 사소하고 귀찮은 일이지만 그는 자신만의 영업 방식이라고 힘주어 말한다.

건영 씨가 미래를 위해 준비하고 있는 또 한 가지 분야는 직접 조경수를 키우는 일이다. 이를 위해 이미 5000평의 토지를 매입했다. 아직은 텅 빈 공간이지만 그의 마음속엔 어떤 나무를 심고 어떻게 가꿔나갈지 이미 그려져 있다. 그의 오랜 꿈이기 때문이다.

조경 사업으로 인생의 롤러코스터를 탔던 건영 씨. 누군가는 그를 두고 일중독자라 말하고 또 다른 누군가는 일 앞에선 무조건 '예스!'를 외치는 '예스맨'이라 말한다. 하지만 그가 말하는 진짜 성공 비결은 바로 '배려'다. 손님이 일을 의뢰했을 때 이것저것 따지지 않고 상대방의 처지를 생각해 일하는 것, 그것이 그를 서민갑부로 만든 가장 중요한 포인트다.

조경 갑부 박건영 씨의
창업의 정석

재능 있는 일에 취직해 → 충분한 경험을 쌓고 →
내 고객을 만들 수 있을 때 → 창업한다.

이 중 핵심은 세 번째 단계인 '나만의 고객 창출'에 대한 확신

성공 창업 과정의 정석

재능 있는 일에 '취직'	업무 '경험' 축적	나만의 '고객' 창출 확신	창업
•손재주 기술 보유 •조경 물품 매장	•다양한 장식 소품 제작 •판매 성과	•사업 현장에서 잠재 고객 만나면서 확신	•손수 모든 일 처리 가능 •수주 능력 키우기

이것만은 꼭! 한 줄 성공 비법

● 재능 있는 분야에 취직해 경험을 쌓고 내 고객을 만들 수 있을 때 창업
한다.

● 자영업자가 '손수' 모든 일을 처리할 수 있어야 생존력을 높일 수 있다.

● 계약서를 꼼꼼히 챙기는 것은 사업의 리스크를 줄이는 일이다.

● 부부의 역할은 힘들 때 '희망'이 돼주고 바쁠 때 '안식'이 돼주는 것이다.

● 직접 고객을 만나면서 수주 능력을 키워야 남에게 휘둘리지 않고 성장
할 수 있다.

상호 • 꿈엔들
대표자 • 박건영, 서정희
주소 • 광주시 서구 마륵복개로 6-4
영업시간 • 오전 9시~오후 7시
정기휴일 • 없음
점포 면적 • 약 150평

꿈엔들 연 매출 (제작진 추산)

여름 비수기 월 매출	약 3500만 원
	약 3억 원

서민갑부가
전하는
성공을 위한
5가지 조언

서민갑부가 전하는 성공을 위한 5가지 조언

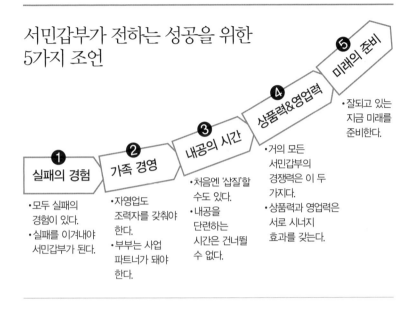

① 실패의 경험
- 모두 실패의 경험이 있다.
- 실패를 이겨내야 서민갑부가 된다.

② 가족 경영
- 자영업도 조력자를 갖춰야 한다.
- 부부는 사업 파트너가 돼야 한다.

③ 내공의 시간
- 처음엔 '삽질'할 수도 있다.
- 내공을 단련하는 시간은 건너뛸 수 없다.

④ 상품력&영업력
- 거의 모든 서민갑부의 경쟁력은 이 두 가지다.
- 상품력과 영업력은 서로 시너지 효과를 갖는다.

⑤ 미래의 준비
- 잘되고 있는 지금 미래를 준비한다.

1. 실패는 성공으로 가기 위한 통로다

본서에 소개된 서민갑부들의 가장 큰 공통점은 실패와 시련을 딛고 일어섰다는 점이다. 조경 갑부 박건영 씨는 사업에 실패해 3억 원의 빚을 진 뒤 죽음을 생각할 정도로 고통스러운 시간을 보냈다. 하지만 그는 꽃과 나무에서 희망을 찾았다. 전도유망한 야구 선수였던 정문호 씨는 불의의 사고로 다리를 잃고 실의에 빠졌지만 뜨개질 장인인 어머니와 함께 수예점을 열어 이를 극복해냈다. 조유성 씨는 귀농해 소중하게 일군 터전을 태풍으로 한순간에 모두 잃고 허리까지 다쳤지만 결국 자신만의 빵을 만들어 전국에서 손님들이 찾아오는 대박 빵집을 일궜다.

고석원 씨는 첫 사업이 모두 망해 2억 원의 빚이 있는 상태에서 호떡 하나로 40억 원의 자산을 축적했다. 팥빙수 장인 김성수 씨 역시 사업 부도로 모든 걸 잃었지만 자식들을 보면서 다시 힘을 냈다. 박해성 씨는 젊은 시절 승승장구하면서 식당을 운영했지만 잘못된 투자로 나락으로 떨어진 뒤 자신이 제일 잘하고 보람을 느끼는 음식 장사로 인생 2막을 열었다.

위의 예에서 알 수 있듯 서민갑부들에게 실패는 성공으로 가기 위한 통로였다. 만약 이들이 실패 앞에 그대로 주저앉았다면 오늘날의 성공은 없었을 것이다. 살다 보면 누구에게나 시련은 닥친다. 중요한 것은 그것을 어떻게 받아들이고 극복하느냐다. 뼈아픈 실패를 딛고 다시 일어서는 사람만이 '서민갑부'라는 인생의 주인공이 될 수 있다.

2. 소자본 창업은 가족 경영이 기본이다

기업과 마찬가지로 자영업도 '조직력'이 있어야 경쟁에서 살아남을 수 있다. 특히 소자본으로 창업하는 자영업의 조직력은 가족으로부터 나온다고 해도 과언이 아니다. 본서에 소개된 15가지 성공 사례 중 가족이 운영에 관여하지 않은 경우는 '경매달인'과 '글씨 파는 남자' 단 2편에 불과하다. 나머지는 전부 가족이 어떤 방식으로든 경영이나 운영에 참여하고 있다.

대표적인 가족 경영 형태는 역시 부부가 함께 사업을 하는 경우다. 이때 장점을 극대화시키려면 부부의 역할이 사장과 직원의 관계에 머물러서는 안 된다. 서로 믿고 의지할 수 있는 사업 파트너가 돼야 조직력이 강해진다. 경영 개선을 위해 함께 의논하고 때에 따라 쓴소리도 할 수 있어야 한다. 힘들 때는 서로 안식처가 돼주고 격려해주는 관계가 돼야 한다.

'중화요리의 대가'로 불리는 이연복 셰프는 한 방송 프로그램에서 후각을 잃었다는 사실을 고백해 화제가 된 적이 있다. 냄새를 맡지 못하는 그가 가장 믿고 의지하는 대상은 바로 아내다. 아내는 남편이 방송 등으로 매장을 어쩔 수 없이 비워야 할 때 곧바로 주방에 들어가 대신 음식을 만든다.

본서에 소개된 서민갑부의 경우 부모와 자식이 함께 일하는 경우도 많다. 팥빙수 갑부 김성수 씨는 두 아들과 함께 일하고, 어묵 갑부 송일형 씨의 딸은 한 지하철역사에서 아버지 어묵의 노하우를 전수받아 판매하는 직영점을 운영한다. 정문호 씨는 뜨개질 장인인 어머니의 기술을 이어받아 함께 사업을 발전시킨 사례다. 밥차로 6

억 원대 연 매출을 올리고 있는 박해성 씨는 부모님이 직접 지은 농산물로 반찬을 만들어 고객들에게 대접한다.

소자본 창업을 염두에 두고 있다면 책에 소개된 서민갑부들처럼 가족이 뭉칠 때 그 힘은 배가되고 이것이 차별화의 원천이 된다는 점을 기억할 필요가 있다.

3. 사업이 본궤도에 오르기까지는 시간이 걸린다

별 성과 없는, 헛수고나 다름없는 일을 했을 때 흔히 '삽질'했다는 표현을 쓴다. 대부분의 서민갑부는 사업 초창기에 이런 삽질을 경험했다. 하지만 그것이 결코 시간 낭비가 아니었음은 그들이 성공한 뒤에 드러났다. 자영업에서의 삽질은 사전에 땅을 고르게 하는 정지(整地) 작업이라 할 수 있다. 삽질이 제대로 돼야 그 후에 곡식을 심을 수도, 건물을 세울 수도 있다. 때문에 처음에 삽질하는 시간은 준비의 시간이고 내공을 단련하는 시간이다.

대부분의 서민갑부는 이러한 단련의 시간을 거쳐 사업이 본궤도에 올랐다. 햄버거 갑부 송두학 씨는 연탄 불고기 패티를 넣은 수제버거를 선보이기까지 2년간 레시피 개발에 매달렸다. 호떡 갑부 고석원 씨도 자신만의 씨앗호떡을 완성하기 위해 세 명의 스승과 1년이란 시간이 필요했다. 분식 갑부 곽정호 씨는 프랜차이즈 분식점을 운영할 당시 마진율이 너무 적어 고전에 고전을 거듭했다. 결국 프랜차이즈 분식점을 포기하고 개인 매장으로 바꾼 뒤 매출이 큰 폭으로 올랐다. 경매 달인 안정일 씨는 수없이 많은 패찰에도 굴하지 말고 꾸준하게 도전하는 것이 일상이 돼야 한다고 충고한다. 그는 공을 들여야 운도 온다며 결국 자신의 운은 자신이 만들어가는 것임을 강조했다. 내공을 단련하는 시간은 건너뛸 수 없다.

4. 상품력과 영업력이 최고의 경쟁력이다

서민갑부의 경쟁력을 표현하는 단 두 가지의 키워드를 꼽으라면 '상품력'과 '영업력'이라 할 수 있다. 상품력은 상품 경쟁력을 의미한다(서비스 업종이라면 당연히 서비스 상품의 경쟁력을 뜻한다). 상품경쟁력에서 차별화는 기본이다. 짬뽕 갑부 임주성 씨는 "철가방에서 매운 짬뽕으로 오기까지의 과정이 내 인생"이라고 표현한 바있다. 철가방 생활 10년이 지나고 포장마차를 운영하는 과정에서 한국인이 좋아할 만한 진짜 매운 짬뽕을 개발해낸 것이 신의 한 수였다. 햄버거 갑부 송두학 씨도 남이 만든 햄버거를 가져다 판매할 때는 하루 두세 개밖에 못 팔았지만 자신만의 연탄 불고기 햄버거를 개발하면서 대박이 나기 시작했다.

영업력 또한 서민갑부의 대표적인 경쟁력 키워드다. '글씨 파는 남자' 이병삼 씨는 매일 6시간씩 작업한 것을 인터넷 카페에 올려 자신을 알린 뒤에야 자리 잡을 수 있었다. 청소 갑부 김선민 씨는 광고 등으로 3개월 동안 1000만 원을 쓰고 나서야 고객의 의뢰가 늘었다. 분식 갑부 곽정호 씨는 직접 쓴 편지를 어린이집과 관공서 등에 보내 단체 고객을 확보했다. 간판 없는 제과점을 운영하는 주한주 씨도 시간 날 때마다 인터넷으로 고객과 소통하면서 가게를 홍보하고 있다.

이러한 상품력과 영업력은 서로 결합되면서 시너지 효과를 낸다. 어묵 갑부 송일형 씨의 영업력은 고객과 만나는 짧은 순간에 빛을 발한다. 그 순간 일형 씨는 현란한 손놀림과 재치 있는 말솜씨로 고객의 시선과 발길을 매장에 붙잡아둔다. 이 같은 영업력의 밑바탕에는 자신이 만든 상품에 대한 자신감이 깔려 있다.

창업에 성공하려면 이처럼 높은 품질, 차별화된 메뉴, 가격경쟁력 같은 상품력이 뒷받침돼야 밑 빠진 독에 물 붓기 식의 영업이 되지 않는다.

5. 잘되는 지금, 미래를 준비한다

　서민갑부들은 하나같이 사업이 잘될 때 그 자리에 안주하지 않고 미래를 준비했다. 고석원 씨는 호떡 매장 바로 옆에 작은 아이스크림 가게를 열어 함께 운영하고 있다. 분식 갑부 곽정호 씨는 매장에서 음식을 판매하는 데 그치지 않고 수제도시락 배달 사업에 뛰어들었다. 그러면서 농사일까지 하는 이유는 미래를 대비하기 위해서다. 밥차 갑부 박해성 씨가 토지를 매입한 이유는 밥차와 단체고객 식당이 접목된 새로운 사업을 준비하고 있기 때문이다.

　뜨개질 갑부 정문호 씨는 뜨개질 가게와 카페가 결합된 복합공간에서 신사업 모델을 테스트하고 있다. 청소 갑부 김선민 씨는 쓰레기집 청소에서 비둘기 배설물 청소, 유품 정리 사업까지 청소 영역을 확장하면서 미래를 준비하고 있다.

　창업을 해서 다행히 일이 잘된다고 해도 그것이 언제까지나 유지된다는 보장은 없다. 내가 열심히 하는 것과 별개로 사업 환경이 변할 수 있기 때문이다. 그러므로 지금 하는 일에 안주하지 말고 자신이 잘 알고 있으면서 가장 잘할 수 있는 영역으로 사업을 넓혀 미래에 대비하는 것이 리스크를 줄일 수 있는 최선의 방법이다.

절대 망하지 않는 창업 & 영업 전략 공개

서민갑부 2

1판 1쇄 발행 2017년 5월 1일 | 2판 3쇄 발행 2023년 12월 26일

지은이 채널A 〈서민갑부〉 제작팀·허건
발행인 임채청

펴낸곳 동아일보사 | **등록** 1968.11.9(1-75) | **주소** 서울시 서대문구 충정로 29(03737)
문의 02-361-1069 **팩스** 02-361-0979
인쇄 중앙문화인쇄사

ISBN 979-11-92101-13-2 13320 | 값 17,000원